高速公路日常养护作业安全标准化指南

广东省交通集团有限公司　组织编写

人民交通出版社股份有限公司

北　京

内 容 提 要

本书在充分总结梳理高速公路日常养护作业安全管理经验基础上，依据相关法律法规及标准规范编写而成，分为管理篇和作业篇，内容涵盖高速公路日常养护作业安全生产目标职责、安全生产制度、安全教育与培训、人员与设备管理、安全技术、安全生产应急与事故管理，以及驻地建设、养护控制区布置、日常作业安全要点、突发事件处置等。

本书内容贴合高速公路日常养护作业实际，指导性强，可作为高速公路养护人员的作业指导书，亦可供高速公路养护施工安全管理人员工作参考。

图书在版编目（CIP）数据

高速公路日常养护作业安全标准化指南／广东省交通集团有限公司组织编写. — 北京：人民交通出版社股份有限公司，2020.1
ISBN 978-7-114-16228-2

Ⅰ．①高… Ⅱ．①广… Ⅲ．①高速公路—公路养护—安全管理—标准化—指南 Ⅳ．①U418-65

中国版本图书馆 CIP 数据核字（2020）第 008673 号

书　　名：	高速公路日常养护作业安全标准化指南
著 作 者：	广东省交通集团有限公司
责任编辑：	刘永超　侯蓓蓓
责任校对：	张　贺　宋佳时
责任印制：	张　凯
出版发行：	人民交通出版社股份有限公司
地　　址：	（100011）北京市朝阳区安定门外外馆斜街 3 号
网　　址：	http：//www.ccpress.com.cn
销售电话：	（010）59757973
总 经 销：	人民交通出版社股份有限公司发行部
经　　销：	各地新华书店
印　　刷：	北京市密东印刷有限公司
开　　本：	880×1230　1/16
印　　张：	8
字　　数：	170 千
版　　次：	2020 年 1 月　第 1 版
印　　次：	2023 年 9 月　第 4 次印刷
书　　号：	ISBN 978-7-114-16228-2
定　　价：	60.00 元

（有印刷、装订质量问题的图书由本公司负责调换）

《高速公路日常养护作业安全标准化指南》编审委员会

审定委员会

主　　任：邓小华

副 主 任：刘晓华

委　　员：曹晓峰　童德功　陈佩林　张家慧　苗德山
　　　　　李建春　谢灿文

编写委员会

刘　琦　黄声优　李明国　辛　猛　刘建财　黄华江
高益杞　谢春明　何汉华　何　斌　董宁宁　吴李彬

前　言

牢牢把握交通"先行官"定位，提升交通基础设施本质安全水平，构建安全、便捷、高效、绿色、经济的现代化综合交通体系，打造一流设施、一流技术、一流管理、一流服务，建成人民满意、保障有力、世界前列的交通强国，是大势所趋。

目前广东省正在全面实施创新驱动发展战略，打造粤港澳大湾区，推动现代综合交通运输体系发展规划各项任务，为交通强国建设奠定坚实基础。随着广东省高速公路网逐步形成，工作重心已由"建设优先，兼顾养护"逐步过渡到"建养并重，养护优先"的格局。提升高速公路本质安全水平，必须强化交通基础设施养护。

为认真贯彻"坚持安全第一、预防为主、综合治理"的安全生产方针，采取有力措施规范日常养护作业安全生产管理，提高日常养护作业安全管理水平，防范生产安全事故，为粤港澳大湾区的发展提供更快捷、舒适的交通基础设施保障，广东省交通集团有限公司组织广东交通实业投资有限公司、广东华路交通科技有限公司、广东路路通有限公司和广东恒建高速公路发展有限公司等单位编写了《高速公路日常养护作业安全标准化指南》（以下简称《指南》）。

《指南》的编写以推行日常养护作业安全管理规范化、作业安全标准化为目的，规范广东省高速公路日常养护作业安全生产管理行为，健全完善安全生产制度，明晰各单位安全生产责任，侧重于现场安全管理和作业行为。通过标准化管理、技术手段和机械化换人等措施，提高了日常养护作业的安全冗余，对现场作业人员实现最大限度的保护，做到超前预控、有效防范，切实提高日常养护安全生产管理水平。《指南》由管理篇和作业篇组成，共24章及6个附录。主要章节包括：总则，术语和定义，目标职责，安全生产制度化管理，安全教育与培训，人员作业与设备设施管理，安全技术与措施，安全风险管控、安全生产检查及隐患排查治理，安全生产应急管理，生产安全事故管理，安全生产管理评价与改进；驻地建设及人员设施设备材料安全管理，电气及动火作业安全管理，高速公路养护作业控制区布置，日常养护巡查安全要点，路基作业安全要点，路面作业安全要点，桥涵作业安全要点，隧道作业安全要点，交通安全设施作业安全要点，绿化作业安全要点，机电工程维护，特殊路段及特殊气象条件下养护作业管理要点，高速公路突发事件处置。附录主要包括：养护项目部岗位安全生产职责分解，主要安全生产法律法规、标准规范，管理表格，事故现场处置方案，常见工种作业规程，常用车辆、机械安全操作规程。

《指南》适用于广东省高速公路工程日常养护作业的安全生产管理。对于本《指南》未涵盖的内容，应依据现有法律、法规和行业标准执行。

由于编制时间仓促，难免存在不足之处，请各单位在执行过程中，将发现的问题和意见函告广东省交通集团有限公司安全生产监督管理部。地址：广州市珠江东路32号，邮政编码：510623。

  主编单位：广东省交通集团有限公司
  参编单位：广东交通实业投资有限公司
       广东华路交通科技有限公司
       广东路路通有限公司
       广东恒建高速公路发展有限公司

目 录

管 理 篇

1 总则 … 3
2 术语和定义 … 4
3 目标职责 … 5
   3.1 安全生产方针 … 5
   3.2 安全生产目标 … 5
   3.3 安全生产管理机构 … 5
   3.4 安全生产责任 … 5
   3.5 安全生产费用管理 … 7
   3.6 安全文化建设 … 8
   3.7 科技应用及创新 … 9
4 安全生产制度化管理 … 11
   4.1 法律法规的获取与更新 … 11
   4.2 安全生产管理规章制度 … 11
   4.3 安全生产内业资料管理 … 12
   4.4 安全值班 … 13
5 安全教育与培训 … 14
   5.1 养护作业人员岗前培训 … 14
   5.2 养护作业人员日常培训 … 14
6 人员作业与设备设施管理 … 16
   6.1 一般规定 … 16
   6.2 人员管理 … 16
   6.3 特种作业人员管理 … 17
   6.4 班组管理 … 17
   6.5 设备管理 … 17
7 安全技术与措施 … 19
   7.1 施工组织设计中的安全技术措施 … 19
   7.2 安全技术交底 … 19

8 安全风险管控、安全生产检查及隐患排查治理 ································· 21
8.1 安全风险管控 ··· 21
8.2 安全生产检查 ··· 23
8.3 隐患排查治理 ··· 26
8.4 安全生产预测预警体系 ·· 30

9 安全生产应急管理 ··· 31
9.1 应急准备 ··· 31
9.2 应急演练 ··· 32
9.3 应急评估 ··· 32
9.4 应急救援物资（设备） ··· 32

10 生产安全事故管理 ·· 33
10.1 事故报告 ·· 33
10.2 事故调查、分析和处理 ·· 33

11 安全生产管理评价与改进 ··· 35
11.1 绩效评定 ·· 35
11.2 持续改进 ·· 35
11.3 奖励与惩处 ··· 35

作 业 篇

12 驻地建设及人员设施设备材料安全管理 ···································· 39
12.1 驻地（养护基地）安全管理 ·· 39
12.2 个体防护 ·· 39
12.3 设施安全管理 ·· 43
12.4 机械及设备安全管理 ··· 44
12.5 材料安全管理 ·· 45

13 电气及动火作业安全管理 ··· 46
13.1 用电操作作业要点 ·· 46
13.2 电动机械及手持式电动工具安全要点 ·································· 47
13.3 动火作业管理 ·· 48

14 高速公路养护作业控制区布置 ··· 49
14.1 公路养护安全设施 ·· 49
14.2 养护作业控制区划分及布置要点 ·· 51
14.3 安全设施布设与移除 ··· 56
14.4 养护作业控制区安全管理规定 ··· 57

15	**日常养护巡查安全要点**	58
16	**路基作业安全要点**	59
16.1	一般要求	59
16.2	日常保洁作业	59
16.3	小修保养作业	60
17	**路面作业安全要点**	62
17.1	一般要求	62
17.2	日常保洁作业	62
17.3	小修保养作业	63
18	**桥涵作业安全要点**	66
18.1	一般要求	66
18.2	日常保洁作业	66
18.3	小修保养作业	66
19	**隧道作业安全要点**	68
19.1	一般要求	68
19.2	日常保洁作业	68
19.3	小修保养作业	69
20	**交通安全设施作业安全要点**	70
20.1	一般要求	70
20.2	日常保洁作业	70
20.3	小修保养作业	70
21	**绿化作业安全要点**	72
21.1	一般要求	72
21.2	日常保洁作业	72
21.3	小修保养作业	74
22	**机电工程维护**	75
22.1	日常保洁作业安全要求	75
22.2	跨线设备维护作业安全要求	75
22.3	隧道作业安全要求	76
22.4	带电设备设施维修作业安全要求	76
22.5	路段光电缆维护作业安全要求	77
22.6	斜坡作业安全要求	78
22.7	坑道作业安全要求	78
22.8	收费站作业安全要求	78

  22.9 隧道消防水池作业安全要求 …………………………………… 79

23 特殊路段及特殊气象条件下养护作业管理要点 ……………………… 80
  23.1 特殊路段作业 ………………………………………………………… 80
  23.2 夜间作业 ……………………………………………………………… 81
  23.3 冰雪天气作业 ………………………………………………………… 81
  23.4 雾天作业 ……………………………………………………………… 82
  23.5 暴雨天气作业 ………………………………………………………… 82
  23.6 雷雨天气作业 ………………………………………………………… 83
  23.7 台风天气作业 ………………………………………………………… 83
  23.8 高温天气作业 ………………………………………………………… 83

24 高速公路突发事件处置 ……………………………………………………… 85
  24.1 突发事件处置要求 …………………………………………………… 85
  24.2 清障救援辅助作业 …………………………………………………… 85

附录 A 养护项目部岗位安全生产职责分解 ………………………………… 87
附录 B 主要安全生产法律法规、标准规范 ………………………………… 92
附录 C 管理表格 ……………………………………………………………… 95
附录 D 常见工种作业规程 …………………………………………………… 100
附录 E 事故现场处置方案 …………………………………………………… 103
附录 F 常用车辆、机械安全操作规程 …………………………………… 106

管 理 篇

1 总则

1.0.1 为总结高速公路日常养护作业的安全管理经验,进一步规范高速公路日常养护作业的安全管理,提高日常养护作业安全管理水平,防范生产安全事故,编制本指南。

1.0.2 本指南适用于高速公路日常养护(日常保洁、小修保养)作业的安全生产管理。

1.0.3 本指南依据国家及行业相关安全生产法律法规、标准编制。

2 术语和定义

2.0.1 高速公路运营单位

高速公路运营单位是指高速公路投资人或其运营管理的机构。

2.0.2 养护企业

养护企业是指高速公路养护作业的承包方。

2.0.3 养护项目部

养护项目部是指养护企业派驻到承包路段负责组织实施养护作业的机构。

2.0.4 日常保洁

日常保洁是指按规定频率定期对高速公路路基、路面的保洁清洗，对桥涵、隧道及相应设施的清洗、清理和清疏，以及绿化管护等工作。

2.0.5 小修保养

小修保养是指高速公路及其沿线设施的各种小规模病害或障碍的处治作业，主要包括对轻微病害的修补，以及对一般病害、缺失、障碍等的恢复性、重置性或预防性等维修、处治作业。

2.0.6 养护作业控制区

养护作业控制区是指公路养护安全作业所设置的交通管控区域，分为警告区、上游过渡区、缓冲区、工作区、下游过渡区、终止区等。

3 目标职责

3.1 安全生产方针

各单位(高速公路运营单位、养护企业和养护项目部,后同)应宣传贯彻坚持"安全第一、预防为主、综合治理"的安全生产方针。

3.2 安全生产目标

各单位应制定符合本单位实际的安全生产目标,并根据安全生产方针、目标,制定符合本单位实际的各项死亡、重伤、轻伤及消防、机械事故指标。

3.3 安全生产管理机构

3.3.1 高速公路运营单位应依照法律法规设置安全生产管理机构或配备专职安全生产管理人员。

3.3.2 养护企业应设置安全生产管理机构,配备专职安全管理人员,负责安全生产管理工作。

3.3.3 养护项目部应配备安全生产管理人员。其中,专职安全生产管理人员不少于1人。养护作业班组应至少配备1名专(兼)职安全生产管理人员。

3.3.4 高速公路运营企业、养护企业、养护项目部主要负责人(项目经理)、专职安全生产管理人员应依照法律法规持有相应安全资格证书。

3.4 安全生产责任

3.4.1 高速公路运营单位安全生产责任
(1)对日常养护作业安全生产负监督责任,应将日常养护作业分包给具有资质的养护企业,并在作业招标文件中制定有关的安全生产要求。

（2）审查养护项目部的安全生产条件。
（3）组织对养护作业现场安全作业进行监督和检查，并监督养护项目部及时发现、处理各种安全隐患。
（4）审核养护项目部的安全经费申报项目，及时拨付安全经费，监督专款专用。
（5）法律法规和政策规定的其他责任。

3.4.2 养护企业安全生产责任

（1）养护企业对日常养护作业安全生产负主体责任，主要负责人依法对本单位的安全生产工作负全面责任。
（2）建立健全安全生产责任制，制定相应的安全生产规章制度和操作规程。
（3）保证养护项目部安全生产投入并监督其规范使用，做到专款专用。
（4）按规定为养护项目部配备符合要求的项目经理、总工（或副经理）和专职安全生产管理人员。
（5）审批养护项目部的日常养护施工组织设计方案。
（6）依法参加工伤保险，为从事危险作业的人员办理意外伤害保险。
（7）按要求及时组织开展高速公路日常养护及桥下空间（涵洞）清障工作，及时消除道路安全隐患，保证高速公路处于良好安全技术状态。
（8）与劳务合作单位签订合同，应明确安全生产责任。
（9）法律法规和政策规定的其他责任。

3.4.3 养护项目部安全生产责任

（1）对项目部养护作业安全生产负责，项目经理依法对承包项目的安全生产工作负全面责任。
（2）建立健全养护项目部安全生产管理组织机构及安全生产责任制，制定养护项目部相应的安全生产规章制度和操作规程。养护项目部各岗位安全生产职责见附录A。
（3）负责编制日常养护施工组织设计方案和交通安全组织专项方案，实施具体作业项目，负责养护作业现场管理。
（4）做好安全教育培训和安全技术交底。
（5）定期开展安全检查评价和隐患治理工作，消除生产安全事故隐患。
（6）依法依规使用安全生产经费。
（7）做好应急预案和演练，如实报告生产安全事故。
（8）法律法规和政策规定的其他责任。

3.4.4 全员安全生产责任制

高速公路运营单位、养护企业、养护项目部应全面落实安全生产"一岗双责"制，建立健全安全生产责任制度，明确本单位安全生产主要负责人、分管负责人、各层面管理人员、技术人员、现场从业人员安全生产职责，各岗位人员应掌握并自觉履行其岗位安全职责。

3.5 安全生产费用管理

3.5.1 安全生产费用提取

（1）安全生产费用应以招标控制价所包含的全部建筑安装工程费用为计算基数计提，提取标准不得低于 1.5%。

养护作业交通安全维护费应结合日常养护作业实际需要在合同中单列。

（2）高速公路运营单位在编制养护作业招标文件时，应明确安全生产费用的总金额或比例、预付金额或比例、计量支付方式与时限、具体使用要求、调整方式等条款。安全生产费用不足时，应列入养护项目部或养护企业费用成本解决。

3.5.2 安全生产费用的计量支付

（1）高速公路运营单位应按照国家、广东省有关规定，确定养护作业项目安全生产费用的具体使用范围和计量办法，并在招标文件中明确安全生产费用具体支付。

（2）高速公路运营单位与养护企业应当在养护作业合同中明确安全生产费用的支付方式、使用要求等条款。

（3）养护作业合同在履行过程中，养护项目部应按照养护作业合同的条款，根据每一计量周期投入安全生产费用使用情况，编制安全生产费用计量申请表（附相关凭证），经养护项目部专职安全生产管理人员与项目经理签字盖章后，报送高速公路运营单位审核；高速公路运营单位应及时将安全生产费用支付给养护企业。

3.5.3 安全生产费用的使用

（1）养护企业应制定本单位年度安全生产经费使用计划，根据实际需要，保证安全生产经费使用及时、有效。

（2）养护项目部未能在规定期限内完成对养护作业现场严重安全隐患整改的，高速公路运营单位可直接委托其他单位代为整改，相关费用在养护企业计量支付费用中扣除，并由高速公路运营单位直接支付给受委托单位。

（3）安全生产费用在以下范围内使用，见表 3-1。

安全生产费用使用范围 表 3-1

序号	类　　别	清　单　细　目
1	设置、完善、改造和维护安全防护设施设备支出	（1）日常养护作业安全设备设施费。 （2）安全用电防护设施费。 （3）警示、照明等灯具费。 （4）警示标志、标牌费。 （5）其他安全防护设备与设施费
2	配备、维护应急救援器材、设备支出和应急演练支出	（1）应急救援器材与设备的配备（或租赁）、维护费。 （2）应急演练费

续表 3-1

序号	类别	清单细目
3	重大风险源和生产安全事故隐患评估、监控和整改支出	（1）重大风险源和事故隐患评估费。 （2）重大风险源监控费。 （3）重大事故隐患整改费
4	安全生产检查、评价、咨询和标准化建设支出	（1）日常安全检查费。 （2）专项安全检查费。 （3）安全生产评价费。 （4）安全生产咨询、风险评估费。 （5）安全生产标准化建设费
5	配备和更新现场作业人员安全防护用品支出	（1）安全防护物品配备费。 （2）安全防护物品更新费
6	安全生产宣传、教育培训支出	（1）安全生产宣传费。 （2）安全生产教育培训费
7	安全生产试用的新技术、新标准、新工艺、新装备的推广应用支出	使用智能路况检查设备、自动化交通引导设备等发生的费用
8	安全设施及特种设备安装及维护支出	（1）安全设施安装及维护费。 （2）特种设备安装及维护费
9	其他安全生产费用支出	（1）办公用品费。 （2）雇工费。 （3）其他费用

3.5.4 安全生产费用的监督检查

（1）养护项目部应当建立健全安全生产费用管理制度，明确安全生产费用使用、管理的范围，建立安全生产费用使用台账及日常养护作业交通安全维护费用使用台账。

（2）高速公路运营单位应定期对养护项目部的安全生产费用使用情况进行监督检查。

（3）养护项目部未按照合同约定落实安全生产措施的，高速公路运营单位可以责令其暂停作业或暂停向其支付安全生产费用，直至养护项目部完成整改。

3.6 安全文化建设

3.6.1 各单位应设立安全文化走廊、安全角、黑板报、宣传栏等员工安全文化阵地，每季度至少更新一次内容；通过全面推行安全标准化，建设安全文化，培养从业人员安全意识、安全责任、安全行为，形成安全行为习惯。

3.6.2 各单位应建立奖励机制，公布举报电话，发动从业人员发现、报告生产安全事故隐患。养护企业应编制岗位安全风险告知卡或岗位安全知识手册，发放至每一名从业人员。

3.6.3 各单位应采取奖励、意见征集等方式，听取从业人员对单位安全生产工作的建议，提高从业人员参与安全生产工作的积极性。对在安全生产工作中取得显著成绩的集体和个人给予表彰、奖励。对从业人员发现的事故隐患，应及时处理和反馈。

3.7 科技应用及创新

3.7.1 鼓励养护企业使用先进的、安全性能可靠的新技术、新工艺、新设备和新材料，优先选购安全、高效、节能的先进设备，不得使用明令禁止或落后淘汰的工艺、设备、材料。

3.7.2 养护企业宜建立安全管理系统（或平台）及其他安全监督信息系统。

3.7.3 养护企业应积极组织开展安全生产科技攻关或课题研究。

3.7.4 鼓励养护企业结合现场作业 App（移动互联网应用程序）、小修保养 App，建立运营一体化系统，推动安全生产管理。图 3-1 为作业现场安全隐患检查手机 App 示例，图 3-2 为安全技术交底手机二维码应用示例。

图 3-1 作业现场安全隐患检查手机 App 示例

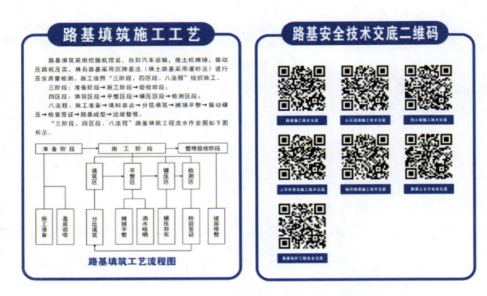

图 3-2 安全技术交底手机二维码应用示例

4 安全生产制度化管理

4.1 法律法规的获取与更新

4.1.1 各单位应围绕日常养护作业工作要求，共同建立识别和获取适用的安全生产法律法规、标准规范的程序。

4.1.2 各单位应及时识别和获取适用的安全生产法律法规、标准规范（参见附录 B），建立适用的安全生产法律法规清单，并跟踪、掌握有关法律法规、标准规范的修订情况。

4.2 安全生产管理规章制度

4.2.1 高速公路运营单位在制定安全生产管理制度时，应涵盖日常养护作业安全生产管理。

4.2.2 养护企业应制定日常养护作业安全管理制度。

4.2.3 养护项目部应根据高速公路运营单位、养护企业安全生产管理制度，制定下列安全生产管理制度：
（1）全员安全生产责任制度。
（2）安全生产会议制度。
（3）安全生产费用管理制度。
（4）安全生产教育培训制度。
（5）安全生产检查制度。
（6）安全生产隐患排查治理制度。
（7）风险源的辨识、评价、监控、管理制度和重大风险源管理制度。
（8）劳动防护用品配备和管理制度。
（9）安全设施、设备管理和检修、维护制度。
（10）安全生产技术交底制度。
（11）生产安全事故报告和处理制度。
（12）安全生产应急管理制度及应急预案。

（13）特种设备和作业人员管理制度。

（14）班组安全建设管理制度。

（15）安全生产奖惩制度。

（16）安全生产内业资料管理制度。

（17）日常巡查制度。

4.2.4 养护企业、养护项目部应根据项目特点和要求，针对重点岗位及作业活动，编制相应的安全作业规程。

4.2.5 养护项目部应对养护作业人员进行安全制度、操作规程培训。

4.3 安全生产内业资料管理

4.3.1 养护项目部应建立安全生产内业资料。安全生产内业资料由专人负责，按年度收集整理、专柜保管、填写规范、保存完好。

4.3.2 养护项目部应建立包括但不限于表 4-1 内容的安全内业资料。

安 全 档 案 文 件　　　　　　　表 4-1

序号	类　　别	清 单 明 细
1	规章制度	（1）适用法律法规目录。 （2）安全生产管理制度。 （3）安全操作规程
2	组织机构及资格证	（1）安全生产组织机构文件。 （2）岗位资格证书。 （3）安全生产合同、协议
3	安全生产责任制	（1）全员安全生产责任制。 （2）安全生产责任书
4	计划总结	安全生产工作（年度、季度、月度）总结和计划等
5	收发文	安全生产相关文件（含文件处理记录）
6	宣传培训教育	（1）安全生产宣传培训计划，日常安全宣传培训记录，安全生产宣传活动记录、相片、文件材料等。 （2）岗位人员（安全生产管理人员、特种作业人员）培训记录。 （3）员工三级安全培训记录
7	安全会议	安全生产工作会议记录（会议通知、会议签到表、会议记录、会议纪要）
8	安全技术	（1）安全交底记录。 （2）安全技术措施（施工组织设计、交通组织方案等）。 （3）科技应用与创新资料

续表 4-1

序号	类　别	清 单 明 细
9	安全生产费用	（1）安全生产费用使用台账。 （2）安全生产费用相关凭证。 （3）安全生产费用计量支付资料
10	设备设施管理	（1）安全设备、设施管理台账。 （2）设备、设施的检测、维修记录。 （3）特种设备"三证"等相关资料（注册使用登记证、检验合格证、特种设备操作证）
11	安全检查与整改	（1）上级安全检查（包括上级下发的检查、整改记录，整改回复报告记录，复查记录等）。 （2）本单位安全检查（包括检查记录、检查相片、跟踪复查等资料）。 （3）安全生产检查登记台账
12	应急管理	（1）应急预案（包括综合应急预案、专项应急预案和现场处置方案）。 （2）应急物资（包括应急物资专项统计表、应急物资类型明细列表）。 （3）演练记录（包括演练方案、签到表、演练图片、结果评估等原始材料）
13	安全报表	（1）事故报表（安全生产月度、季度、年度报表等资料）。 （2）相关报表
14	考核与奖惩	（1）责任制考核。 （2）安全生产奖惩资料
15	风险源的辨识与监控	风险源的辨识、防范措施与监控等管理活动记录
16	职业健康	（1）职业病（健康体检）记录。 （2）劳动防护用品发放记录。 （3）危害告知和警示记录
17	事故处理	（1）事故报告和登记表。 （2）事故处理材料（按一事一档建立）
18	安全专项活动记录	安全专项活动相关记录

4.4　安全值班

养护项目部应制定并落实安全生产值班计划和值班制度。重要时期、重大节日、极端恶劣气候期间实行领导到岗带班，并应有值班记录，全面掌握当班时的安全生产状况，及时果断处理危及安全生产的隐患和险情。

5 安全教育与培训

5.1 养护作业人员岗前培训

5.1.1 养护作业人员（包括合同工、临时工等），在上岗前必须经过安全培训教育，保证其具备本岗位安全操作、应急处置等知识和技能。未经安全培训教育或培训教育考试不合格的从业人员，不得上岗作业。

5.1.2 养护项目部其他从业人员的岗前安全培训教育时间合计不得少于24学时。应当以自主培训教育为主，结合所属行业和本单位特点及岗位特点编制培训教育大纲和教材，采取脱产集中培训的方式进行。

5.1.3 养护项目部新员工安全培训合格后，要在经验丰富的工人师傅带领下，实习至少2个月后方可独立上岗。

5.2 养护作业人员日常培训

5.2.1 养护项目部应结合生产经营特点，以班组为单位，对从业人员进行岗位经常性安全教育。岗位经常性安全教育应以提高安全生产素质为目的，以应知应会为内容，以生产过程的安全生产要求和操作规程为重点，以职工班前班后宣讲、业余学校为载体，以内部培训教育为主要形式，以员工喜闻乐见的方式开展全员培训教育工作。

5.2.2 养护项目部从业人员转岗或离岗6个月以上重新上岗的员工，应进行项目部门、班组安全教育后方可上岗作业。

5.2.3 养护项目部应加强其他从业人员的班前安全教育，强调养护作业人员不得随意横跨、穿行高速公路。

5.2.4 使用新工艺、新技术、新材料、新设备设施前，养护企业、养护项目部应对操作使用人员专门进行培训教育。

5.2.5 发生生产安全事故时，养护项目部应按本单位事故管理"四不放过"的相关要求，对事故责任者和相关员工进行安全教育，吸取教训，落实防范措施，防止类似事故发生。

5.2.6 养护项目部应为所有接受安全生产培训教育的人员建立健全安全生产培训教育档案。培训教育档案应详细、准确、真实地记录从业人员岗前安全培训教育及考核、岗位（班组）经常性安全教育、转岗、复工、"四新"安全教育等情况，所有培训教育记录应由从业人员签名确认。

5.2.7 养护项目部应对从业人员进行应急教育和培训，保证从业人员具备必要的应急知识，掌握风险防范技能和事故应急措施。

5.2.8 特种作业人员必须按照国家有关法律法规的规定接受专门的安全培训教育，经考核合格，取得特种作业操作资格证书后，方可上岗作业，并按规定定期参加复审。

6 人员作业与设备设施管理

6.1 一般规定

6.1.1 养护企业、养护项目部应制定劳务用工登记、设备设施管理制度并组织实施。

6.1.2 养护企业、养护项目部应积极应用信息化手段，开展劳务用工实名登记和设备设施使用管理。

6.2 人员管理

6.2.1 劳动用工实名制

养护企业、养护项目部应建立劳动用工实名登记制度，按照编码规则对所有进场人员进行实名登记，确保登记信息真实完整，并积极推行信息化管理方式，对作业人员的基本身份信息、培训和技能状况、从业经历、考勤记录、诚信信息、工资结算及支付等情况实行实名动态管理。

6.2.2 保险

（1）养护企业、养护项目部应依法参加工伤保险，为所有作业人员缴纳保险费。

（2）养护企业、养护项目部应为作业人员购买安全生产责任保险或人身意外伤害保险。如安全生产责任保险的保障范围已涵盖人身意外伤害保险的保障范围，可不再重复购买。

6.2.3 职业健康

1）劳动防护

（1）养护作业人员进场前，养护项目部应与其签订安全生产承诺书。

（2）养护企业、养护项目部应为作业人员配备必需且符合标准的劳动防护用品，并教育作业人员正确佩戴和使用。养护企业、养护项目部采购或租用的劳动防护用品必须有生产许可证、产品合格证，并按规定检测和更新。

（3）养护项目部应对劳动防护用品使用情况进行不定期巡视检查，发现作业人员不按规定使用劳动防护用品的，应责令其立即停止作业并督促整改。

2）职业病防治

（1）养护企业、养护项目部应对现场职业健康环境进行评估，辨识可能造成职业病危害的作业活动范围，制定有效的防治措施，预防和控制职业病的发生和发展。

（2）养护项目部应在存在职业危害因素的作业现场设置警示标志和警示说明，警示说明应载明职业危害因素的种类、后果、预防和应急救治措施。

6.3 特种作业人员管理

6.3.1 养护项目部应汇总特种作业人员的相关资格证书，并建立特种作业人员台账。做好到岗、离岗记录，及时更新人员台账。

6.3.2 特种作业人员进场前，养护项目应网上查询特种作业人员证件真实性，确保特种作业人员持证上岗。

6.4 班组管理

6.4.1 养护作业前，养护项目部技术人员和养护作业班组长应对作业人员进行岗前培训、安全技术交底和班前风险告知（附录 C.1），并在作业完成后进行班后总结。作业人员作业时应严格遵守附录 D 常见工种作业规程。

6.4.2 养护作业现场应配备安全生产管理人员，负责对现场实施安全管理，纠正违章、违规行为。

6.5 设备管理

6.5.1 采购、入场管理

养护企业采购、租赁的特种设备、筑养路机械应完全符合安全规定规范和技术要求，并具有生产（制造）许可证、产品合格证或法定检验检测合格证明。对尚无相关国家标准或行业标准的设备和设施，应当保障其质量和安全性能，并在进入作业现场前由专职安全生产管理人员和项目设备管理人员共同进行查验。

6.5.2 使用、维修管理

（1）所有设备、设施在投入使用前，养护项目部应对操作人员进行专项培训，考试合格后方可上岗操作。

（2）所有设备、设施在投入使用前，应通过检查验收合格后，方可投入使用。

（3）养护项目部应建立设备、设施使用的管理规定，对于进入作业现场的自有设备、租赁设备按相同的安全标准管理。

（4）养护项目部应建立设备设施台账，台账应涵盖自有设备、租赁设备。

（5）养护项目部应对设备设施定期进行检查、检验和维修，建立相应的档案。

（6）养护项目部在检验、维修工作前应制定检验、维修计划和检验、维修方案。检验、维修过程中应执行隐患控制措施并进行监督检查。

（7）各类设备、设施在检验、维修工作前必须彻底切断动力系统。需要在运行过程中进行检验、维修时要做好全面的安全防护措施。

6.5.3 特种设备管理

（1）特种设备使用前，应当办理特种设备使用登记。

（2）养护企业应在特种设备检验合格有效期届满前1个月向特种设备检验检测机构提出定期检验要求。未经定期检验或者检验不合格的特种设备，不得继续使用。

（3）特种设备应进行经常性维护和定期自行检查，并作记录。

（4）特种设备的使用应当具有规定的安全距离、安全防护措施。

（5）特种设备出现故障或者发生异常情况，应当对其进行全面检查，消除事故故障后，方可继续使用。

（6）所有特种设备，在使用前，要对其安全装置进行检查，并对特种设备检验合格证、特种作业人员资格证进行查验。

7 安全技术与措施

7.1 施工组织设计中的安全技术措施

（1）养护项目部在编制养护作业施工组织设计前，应先对作业中存在的风险进行评价，并对各类风险源的控制有单项的安全技术措施。

（2）养护项目部编制的施工组织设计应包括安全技术措施、应急保障方案和交通安全组织方案，并由养护企业重点审查其是否符合相关强制性标准要求，审查合格后方可同意开工。

（3）养护项目部应在开工前制定翔实可行的交通安全组织方案，交通安全组织方案应包含但不限于：项目概况、作业进度计划、交通安全标志设置平面图、安全防护措施等内容。

（4）上路养护作业及交通组织方案应由养护项目部提出申请（包括作业路段、封闭车道情况、占道情况、作业期限等），依次经高速公路运营单位、路政管理机构审核，同时根据路段实际情况报地方交警部门审批同意方可实施。

7.2 安全技术交底

（1）养护项目部应制定作业安全技术交底制度，要明确安全技术交底分级、分专业、分岗位交底的程序和内容。

（2）养护项目部负责实施作业安全技术交底，实行逐级安全技术交底制度。

（3）安全技术交底要具体、明确、及时，有针对性和可操作性，符合有关安全技术标准和操作规程的规定。

（4）安全技术交底应包括下列主要内容：
①养护作业特点、风险（危险）源和危险因素分析。
②养护作业安全技术要点、主要防护设施设置及现场作业安全注意事项。
③养护作业人员应遵守的安全操作规程和规范。
④职业健康和环保要求。
⑤养护作业人员发现事故隐患应采取的措施和发生事故后应及时采取的躲避和急救措施。

（5）安全技术交底应履行书面交底签字手续（附录 C.2），相关责任人各执一份。

（6）安全技术交底应拍照留视频，影像资料需留日期。

（7）养护项目部专职安全生产管理人员应全过程参与并监督安全技术交底工作。

8 安全风险管控、安全生产检查及隐患排查治理

8.1 安全风险管控

8.1.1 风险源的辨识

（1）养护项目部应制定安全风险辨识、评估与管控制度，及时排查和管控安全风险。

（2）养护作业开始前，养护项目部总工程师应组织养护作业技术、安全、设备物资等管理人员，按照有关标准和规范，全方位、全过程辨识路段设备设施、作业环境、人员行为和管理体系等方面存在的安全风险，确定风险源的类型和范围，并对识别处的安全风险进行科学评估，形成风险清单。

（3）养护项目部风险辨识应针对影响发生生产安全事故及其损失程度的致险因素进行，致险因素一般包含以下方面：

①从业人员安全意识、安全与应急技能、安全行为或状态。
②生产经营基础设施、运输工具、工作场所等设施设备的安全可靠性。
③影响安全生产外部要素的可知性和应对措施。
④安全生产的管理机构、工作机制及安全生产管理制度合规和完备性。

（4）全面辨识是养护项目部为全面掌握本单位安全生产风险，全面、系统地对本单位生产经营活动开展的风险辨识。全面辨识应每年不少于1次，实现动态管理。

（5）风险辨识应涉及所有的工作人员（包括外来人员）工作过程和工作场所。安全生产风险辨识结束后形成风险辨识清单，见表8-1。

常见养护作业风险辨识清单 表8-1

序号	作业活动	主要风险类型
1	日常养护巡查	车辆伤害、高处坠落、中暑、其他伤害（蛇虫叮咬等）
2	路基作业	车辆伤害、机械伤害、物体打击、坍塌、中暑、其他伤害（蛇虫叮咬等）
3	路面作业	车辆伤害、机械伤害、灼烫、触电、中暑
4	桥涵作业	车辆伤害、物体打击、高处坠落、灼烫、触电、中毒和窒息、中暑、淹溺
5	隧道作业	车辆伤害、高处坠落、触电、中毒和窒息
6	交通安全设施作业	车辆伤害、起重伤害、机械伤害、高处坠落、灼烫、触电、中毒、中暑

续表 8-1

序号	作业活动	主要风险类型
7	绿化作业	车辆伤害、机械伤害、中暑、中毒、其他伤害（蛇虫叮咬等）
8	机电工程维护作业	车辆伤害、物体打击、起重伤害、触电、火灾、高处坠落、中暑、淹溺（消防水池作业）

8.1.2 风险清单的建立

（1）高速公路运营单位建立的风险清单应包含日常养护作业风险内容，并督促养护项目部根据风险清单开展安全生产管理工作。

（2）养护项目部应建立本单位业务范围内风险清单。清单的内容包括风险源存在的场所、可能发生的事故类型、风险程度、预防对策和控制措施、风险源管理责任人等内容。

8.1.3 安全风险评估

（1）养护项目部应从发生危险的可能性和严重程度等方面对风险因素进行分析，选定合适的风险评估方法，明确风险评估规则。

（2）养护项目部应依据风险评估规则，对风险清单进行逐项评估，确定风险等级以及主要致险因素和控制范围。

（3）风险致险因素发生变化超出控制范围的，应及时组织重新评估并确定等级。

8.1.4 风险的控制管理

（1）养护项目部应当将风险基本情况、可能引发事故隐患类别、事故后果、管控措施、应急措施等内容通过安全手册、公告提醒、标志牌、讲解宣传等方式告知本单位从业人员和进入风险工作区域的外来人员，指导、督促其做好安全防范。

（2）养护项目部应针对本单位风险可能导致的生产安全事故，制定或完善应急措施。

（3）当风险的致险因素超出管控范围，达到预警条件的，养护项目部应及时发出预警信息，并立即采取针对性管控措施，防范生产安全事故发生。发生生产安全事故的，应按有关规定，及时有效处置。

（4）养护项目部应如实记录风险辨识、评估、监测、管控等工作，并规范管理档案。

（5）养护项目部应结合作业实际，采取以下措施管控作业安全风险：

①调整养护作业施工方案。主要包括合理调整施工顺序、改进施工工艺。

②完善作业安全生产措施。主要包括安全技术措施（包括监测预警、对不安全场所进行安全隔离或加强防护、设立警告标志、人工警戒等）、安全替代措施（以机器换人措施等）、应急救援措施（制定预案，做好应急准备等）。

③强化安全管理措施。主要包括加强作业人员安全教育培训、安全巡查检查等措施。

8.1.5 风险动态管控

（1）养护项目部应建立风险动态监控机制，按要求对风险进行控制和监测，及时掌握风险的状态和变化趋势，以确保风险得到有效控制。

（2）养护项目部发现重大风险的致险因素超出管控范围，或出现新的致险因素，导致发生生产安全事故概率显著增加或预估后果加重时，应在 5 个工作日内动态填报相关异常信息。

8.2 安全生产检查

8.2.1 一般规定

（1）各单位应建立安全生产检查制度。

（2）各类安全生产检查应依据有关法律法规、标准规范、政府及行业主管部门要求进行。

（3）高速公路运营单位应对养护企业和养护项目部的安全生产工作统一协调、管理，定期进行安全生产检查，发现隐患的，应当及时督促整改。

8.2.2 安全生产检查内容

安全生产检查的主要内容包括：各单位安全生产管理体系建立及运行情况（内业）、现场作业安全生产情况（外业）。

8.2.3 安全生产检查方法

（1）安全生产检查可采取以下方式进行：查阅文件、记录、台账、报表等资料；召开座谈；询问与核查；书面考试；现场检查；检验检测等。其中作业人员教育培训成效检查应采取询问与核查、书面考试等方式。

（2）养护项目部应配备专用车辆，用于日常安全生产巡查。

8.2.4 安全生产检查类型

安全生产检查类型分为定期安全生产检查、不定期安全生产检查以及日常安全生产检查。

定期安全生产检查主要包括半年度检查、季度检查、月度检查、周检查等。

不定期安全生产检查主要包括：专项安全生产检查、季节性安全生产检查。专项安全生产检查是针对某项专业或某种事故隐患而开展的安全生产检查。如"特种设备安全生产检查""节前安全生产检查"等。季节性安全生产检查是为了防止或避免气候变化对安全生产带来的不利影响而开展的专门检查，如"防台风"安全生产检查。

日常安全生产检查主要包括各单位专职安全生产管理人员在施工作业现场进行的巡查检查。

8.2.5 安全生产检查频率及组织要求
1）定期安全生产检查
（1）高速公路运营单位定期安全生产检查一般分为：
①半年度检查，第一责任人或直接责任人组织，安全、养护等部门人员参加，对养护项目部安全生产状况进行全面检查。
②季度检查，分管养护工作负责人组织，安全、养护部门人员参加，阶段性考核检查养护项目部安全生产状况。
③月度检查，养护部门负责人组织，专（兼）职安全生产管理人员参加，检查养护项目部安全生产工作落实情况。
④周检查，养护部门专（兼）职安全生产管理人员组织，安全生产工作小组成员参加，检查养护作业现场安全生产状况。
（2）养护企业及养护项目部定期安全生产检查一般为：
①半年度检查，养护企业相关责任人组织，安全、养护部门人员参加，检查下属养护项目部安全生产状况。
②季度检查，养护企业安全部门组织，养护部门人员参加，阶段性检查下属养护项目部安全状况。
③月度检查，养护项目部项目经理组织，总工（副经理）、专职安全生产管理人员和部门负责人参加，全面检查本单位安全生产工作。
④周检查，养护项目部专职安全生产管理人员组织，总工（副经理）、专职安全生产管理人员和部门负责人参加，检查作业现场安全生产状况。
2）不定期安全生产检查
（1）高速公路运营单位不定期安全生产检查由分管养护工作负责人组织，专（兼）职安全生产管理人员、养护部门人员参加，检查内容根据专项检查要求，结合养护施工实际确定，应涵盖对养护作业工人工作职责等询问检查。检查频率应根据上级文件或制度要求，每年不少于1次。
（2）养护项目部不定期安全生产检查由项目总工（副经理）组织，专（兼）职安全生产管理人员、施工技术员参加，检查内容应根据专项检查要求，结合养护施工实际确定。其中专业分包、劳务合作单位安全履约检查为必检项目。检查频率应每年不少于1次。
3）日常安全生产检查
（1）高速公路运营单位日常安全生产检查由养护部门负责人组织，养护部门人员参与，应在每天工程巡查时同步开展安全巡查，检查养护项目部养护作业现场的安全生产情况。
（2）养护项目部日常安全生产检查由专（兼）职安全生产管理人员组织，应每天进行施工作业现场安全生产情况检查和施工作业现场隐患排查（外业）。

高速公路运营单位安全生产检查频率及组织要求见表8-2。

养护企业及养护项目部安全生产检查频率及组织要求见表8-3。

高速公路运营单位安全生产检查一览表　　　　　表8-2

序号	检查类型		组织方式			频率	检查范围和内容	备注
			组织	参与	检查对象			
1	定期检查	半年度	第一责任人或直接责任人	安全、养护等部门人员	养护项目部	每半年不少于1次	全面检查养护项目部安全生产状况	形成检查记录和通报
		季度	分管养护工作负责人	安全、养护部门人员	养护项目部	每季度不少于1次	阶段性考核检查养护项目部安全生产状况	形成检查记录和通报
		月度	养护部门负责人	专（兼）职安全生产管理人员	养护项目部	每月不少于1次	检查养护项目部安全生产工作落实情况	形成检查记录和通报
		周检查	养护部门专（兼）职安全生产管理人员	安全生产工作小组成员	养护项目部	每周不少于1次	检查养护作业现场安全生产状况等	形成检查记录和通报
2	不定期（专项、季节性检查等）		分管养护工作负责人	专（兼）职安全生产管理人员、养护部门人员	养护项目部	根据上级文件或制度要求，每年不少于1次	根据专项检查要求，结合养护施工实际确定检查内容	形成检查记录和通报
3	日常检查		养护部门负责人	养护部门人员	养护项目部	工程巡查时同步开展安全巡查	养护作业现场安全生产情况	形成检查记录

养护企业及养护项目部安全生产检查（隐患排查）一览表　　　　　表 8-3

序号	检查类型	组织方式			频率	检查范围和内容	备注
		组织	参与	检查对象			
1	定期检查	半年度	养护企业相关负责人	养护企业安全、养护部门人员	养护项目部	每半年不少于1次	检查下属养护项目部安全生产状况	形成检查记录和通报、隐患督促整改台账
		季度	养护企业安全部门	养护企业养护部门人员	养护项目部	每季度不少于1次	阶段性检查下属养护项目部安全状况	形成检查记录和通报、隐患督促整改台账
		月度	养护项目部项目经理	养护项目部总工（副经理）、专职安全生产管理人员和部门负责人	养护项目部	每月不少于1次	全面检查养护项目部安全生产工作	形成检查记录和通报、隐患督促整改台账
		周检查	养护项目部专职安全生产管理人员		养护项目部	每周不少于1次	检查养护项目部作业现场安全生产状况	形成检查记录和通报、隐患督促整改台账
2	不定期检查（专项、季节性检查等）		养护项目部项目总工（副经理）	养护项目部专（兼）职安全生产管理人员、施工技术员	养护项目部	每年不少于1次	根据专项检查要求，结合养护施工实际确定检查内容；其中专业分包、劳务合作单位安全履约检查为必检项目	形成记录
3	日常检查（隐患排查）		养护项目部专（兼）职安全生产管理人员		养护项目部	每日	施工作业现场安全生产情况检查、施工作业现场隐患排查（外业）	形成施工作业安全日志

8.3 隐患排查治理

8.3.1 隐患排查

（1）养护项目部应当建立健全隐患排查、告知（预警）、整改、评估验收、报备、奖惩考核、建档等制度，逐级明确隐患治理责任，落实到具体岗位和人员。

（2）养护项目部应当建立隐患日常排查、定期排查和专项排查工作机制，分别制定标准化的综合、专项安全检查表（见附录C.3.1～附录C.3.3），明确隐患排查的责任部门和人员、排查范围、程序、频次、统计分析、效果评价和评估改进等要求，及时发现并消除隐患。

（3）隐患日常排查是养护项目部结合日常工作组织开展的经常性隐患排查，排查范围应覆盖日常生产作业环节，日常排查每周应不少于1次，并填写安全日志。

（4）隐患专项排查是各单位在一定范围、领域组织开展的针对特定隐患的排查，一般包括：
①根据政府及有关管理部门安全工作专项部署，开展针对性的隐患排查。
②根据季节性、规律性安全生产条件变化，开展针对性的隐患排查。
③根据新工艺、新材料、新技术、新设备投入使用对安全生产条件形成的变化，开展针对性的隐患排查。
④根据生产安全事故情况，开展针对性的隐患排查。

（5）隐患定期排查是由养护项目部根据生产经营活动特点，组织开展日常养护作业生产经营领域、环节的隐患排查。定期排查每半年应不少于1次。

（6）养护项目部应认真填写隐患排查记录，形成隐患排查工作台账，包括排查对象或范围、时间、人员、安全技术状况、处理意见等内容，经隐患排查直接责任人签字后妥善保存。

（7）养护项目部对发现或排查出的隐患，应当按照公路水运工程建设项目生产安全重大事故隐患判定指南，确定隐患等级，形成隐患清单。

8.3.2　隐患治理

隐患整改程序一般包括：整改通知、隐患整改、整改回复、复查验证、建立台账、统计分析、持续改进，共7个环节。

1）整改通知

（1）高速公路运营单位、养护企业、养护项目部的安全生产检查情况应形成记录。检查人员在安全生产检查中发现违章指挥、违章作业行为的，应责令其立即停止作业，并督促整改。

（2）检查人员在安全生产检查中发现事故隐患的，能立即整改的应立即整改，不能立即整改的应下发隐患整改通知，明确整改责任主体、整改要求、整改期限，必要时附事故隐患图片，发送受检单位负责人，要求受检单位整改，并履行双方签名手续。情节严重的，应立即下达作业暂停令，并及时报告。

2）隐患整改

（1）受检单位收到隐患整改通知后，应按要求开展隐患整改，做到隐患整改五落实，即"方案落实、措施落实、资金落实、进度落实、责任落实"，按时完成整改。

（2）在事故隐患整改过程中，隐患整改责任单位应采取相应的安全防范措施，防止事故发生。隐患排除前或者排除过程中无法保证安全的，应撤出危险区域内作业人员、疏散可能危及的其他人员，并设置警戒标志，暂时停产、停工，直至整改完成。

（3）对于重大事故隐患，应制定并实施隐患治理方案，限期进行整改。

3）整改回复

隐患整改完成后，受检单位应以书面形式向检查单位报送隐患整改回复（附事故隐患整改完成后图片）。

4）复查验证

检查单位应按期复查隐患整改情况，合格后方可销号，复查情况应形成文字记录，并留存隐患整改完成后图片。

5）建立台账

高速公路运营单位、养护企业、养护项目部应指定专人，对各类安全生产检查（隐患排查）发现的事故隐患进行汇总，建立台账，动态更新隐患整改完成情况。对未按时完成整改的隐患，应列为重点，持续跟进，直至完成整改。

6）统计分析

养护项目部应按季度对本单位隐患排查和安全检查发现的事故隐患进行统计、分析，分析隐患产生的原因，查找安全生产管理体系中存在的缺陷，提出改进措施，形成事故隐患分析表和安全生产工作改进报告，报养护企业审查。

7）持续改进

高速公路运营单位应结合季度安全生产检查，检查养护项目部安全生产工作改进措施的落实情况。

8.3.3 隐患治理验收与评估

（1）一般隐患整改完成后，应由检查单位组织验收，出具整改验收结论，并由验收主要负责人签字确认；重大事故隐患整改验收通过的，检查单位应将验收结论向当地负有安全生产监督管理职责的管理部门报备，并申请销号。

（2）养护项目部应当根据生产经营活动特点，定期组织对本单位隐患治理情况进行统计分析，及时梳理、发现安全生产苗头性问题和规律，形成统计分析报告，改进安全生产工作。

（3）养护项目部应对重大事故隐患形成原因及整改工作进行分析评估，及时完善相关制度和措施，依据有关规定和制度对相关责任人进行处理，并开展针对性的培训教育。

8.3.4 隐患治理情况信息管理

（1）养护项目部应如实记录隐患排查治理情况，至少每季度进行统计分析，及时将隐患排查治理情况向高速公路运营单位通报。

（2）养护项目部应运用隐患自查、自改、自保信息系统，通过信息系统对隐患排查、报告、治理、销账等过程进行电子化管理和统计分析，并按照当地安全监管部门和有关部门的要求，定期或实时报送隐患排查治理情况。

8.3.5 重大隐患管理

1）重大隐患整改

（1）重大隐患整改应制定专项方案，包括以下内容：

①整改的目标和任务。

②整改技术方案和整改期的安全保障措施。

③经费和物资保障措施。

④整改责任部门和人员。

⑤整改时限及节点要求。

⑥应急处置措施。

⑦跟踪督办及验收部门和人员。

（2）重大隐患整改完成后，养护企业应委托第三方服务机构或成立隐患整改验收组进行专项验收。养护企业成立的隐患整改验收组成员应包括本单位负责人、安全管理部门负责人、相关业务部门负责人和2名以上相关专业领域具有一定从业经历的专业技术人员。整改验收应根据隐患暴露出的问题，全面评估，出具整改验收结论，并由组长签字确认。

（3）重大隐患整改验收完成后，养护企业应对隐患形成原因及整改工作进行分析评估，及时完善相关制度和措施，依据有关规定和制度对相关责任人进行处理，并开展有针对性的培训教育。

2）重大隐患报备

（1）养护企业应按照"及时报备、动态更新、真实准确"的原则，通过公路行业安全生产隐患治理信息系统向属地负有安全生产监督管理职责的管理部门及时报备重大隐患信息，并保证报备信息的完整性。

（2）重大隐患报备信息应包括以下内容：

①隐患名称、类型类别、所属各单位及所在行政区划、属地负有安全生产监督管理职责的管理部门。

②隐患现状描述及产生原因。

③可能导致发生的生产安全事故及后果。

④整改方案或已经采取的治理措施，治理效果和可能存在的遗留问题。

⑤隐患整改验收情况、责任人处理结果。

⑥整改期间发生生产安全事故的，还应报送事故及处理结果等信息。

上述第④、⑤、⑥款信息在相关工作完成后报备。

（3）重大隐患首次报备应在重大隐患确定后5个工作日内报备，定期报备应在每季度结束后次月前10个工作日内报备，不定期报备应在重大隐患状态发生重大变化后5个工作日内进行报备。

（4）养护项目部的安全生产管理人员在检查中发现重大隐患，应向项目经理报告；

项目经理接报后应按相关程序及时处理，并向养护企业负责人报告。

（5）养护项目部应建立重大隐患专项档案，并规范管理。

8.4 安全生产预测预警体系

8.4.1 养护企业、养护项目部应根据生产经营状况、安全风险管理及隐患排查治理、事故等情况，运用定量或定性的安全生产预测预警技术，建立安全生产状况及发展趋势的安全生产预测预警机制。

8.4.2 当风险因素达到预警条件时，养护企业、养护项目部应及时发出预警信息，并立即采取针对性措施，防范生产安全事故发生。

9 安全生产应急管理

9.1 应急准备

9.1.1 应急组织机构

高速公路运营单位、养护企业、养护项目部应当建立相应的生产安全事故应急组织机构。

9.1.2 应急救援队伍

（1）高速公路运营单位应根据实际情况，建立专职或兼职生产安全事故应急救援队伍。

（2）养护项目部应组建和完善专/兼职应急救援队伍。

（3）应急救援队伍的职责分工、管理权限由高速公路运营单位和养护项目部共同商定。

（4）应急救援队伍建立单位或者兼职应急救援人员所在单位应当按照国家有关规定对应急救援人员进行培训；应急救援人员经培训合格后，方可参加应急救援工作。

（5）应急救援队伍应当配备必要的应急救援装备和物资，并定期组织训练。

9.1.3 应急预案

（1）高速公路运营单位应制定养护作业专项应急预案或现场处置方案。

（2）养护项目部应结合本单位生产特点制定养护作业专项应急预案和现场处置方案。

（3）养护项目部应根据专项应急预案内容，针对具体的岗位、设备设施、作业面（点），分别编制现场处置方案，现场处置方案的重点是具体人员（岗位）、设备设施、在应急状态下报告程序、操作程序、自救和他救程序等。

（4）养护项目部应参照表8-1的风险类型建立包括但不限于以下内容的现场处置方案：交通事故现场处置方案，机械伤害现场处置方案，防台防汛现场处置方案，危险化学品泄漏、爆炸事故现场处置方案，触电事故现场处置方案，高处坠落事故现场处置方案，坍塌事故现场处置方案，起重伤害现场处置方案，物体打击现场处置方案。

（5）养护项目部的专项应急预案及现场处置方案应报高速公路运营单位备案，并按规定及时修订。

9.2 应急演练

9.2.1 应急演练可采取桌面演练、实战演练等形式进行。

9.2.2 根据应急管理相关要求,高速公路运营单位、养护项目部每年至少联合组织一次综合应急预案演练或者专项应急预案演练,养护项目部每半年至少组织一次现场处置方案演练。

9.3 应急评估

应急演练结束后,应当对演练效果进行评估与总结,撰写应急演练评估总结报告,分析存在的问题,并对应急预案提出修订意见,持续改进。

9.4 应急救援物资(设备)

9.4.1 高速公路运营单位、养护项目部应根据实际情况和需要,做好应急现场救援和工程抢险设施和装备、物资的储备,建立动态数据库,明确参与应急响应的单位、联系人、联系方式,以及工程抢险设施和装备、物资的类型、数量、性能和存放位置,并建立相应的维护、保养和检测等制度,使其处于良好状态,确保正常使用,严格执行调用等级制度和补充更新制度。

9.4.2 养护项目部应设置应急仓库,应急仓库应符合以下要求:
(1)应急仓库严禁住宿和从事与生产经营无关的活动。
(2)养护项目部应储备器材和设备,包括:灭火器、消防斧等小型消防器材;急救箱、急救药品、救生衣、救生圈、应急灯具、救援梯、救援绳等小型救生器材与设备;冷补材料、砂、碎石、片石、编织袋、麻袋、彩布条、木桩、木屑、沥青及沥青混合料、铁铲、油锯等应急物资;对可能发生毒蛇咬伤、高温严重中暑或者其他事故的,根据实际需要配备必要的抢救药品、器材,并定期检查更换。
(3)应急物资分类放置(尤其是易燃易爆材料的堆放),按物品名称贴具有反光效果的标签。
(4)危险化学品的储存应按种类和危险特性,设置相应的通风、防火、防爆、防毒、防静电、隔离操作等安全设施。
(5)符合国家安全生产标准规定的其他要求。

10 生产安全事故管理

10.1 事故报告

10.1.1 养护项目部应建立事故快报制度并保持有效运行。发生事故及时进行事故现场处置，按相关规定及时、准确、如实向高速公路运营单位和属地有关部门报告。跟踪事故发展情况，及时续报事故信息，建立事故档案和事故管理台账。

10.1.2 发生死亡 1 人及以上生产安全事故，养护项目部应当在 1h 内向高速公路运营单位、养护企业及属地相关政府部门报告，并及时续报事故伤亡人数变化。

10.1.3 高速公路运营单位接到养护项目部发生生产安全事故报告后，应当按照有关规定及时向其上级单位及属地交通运输管理部门报告。

10.2 事故调查、分析和处理

10.2.1 事故发生后，养护企业应按照事故调查处理管理规定，成立事故调查组，组织或配合事故调查。

10.2.2 养护企业应建立内部事故调查和处理制度，按照有关规定、行业标准和国际通行做法，将造成人员伤亡（轻伤、重伤、死亡等人身伤害和急性中毒）和财产损失的事故纳入事故调查和处理范畴。

10.2.3 事故调查应查明事故发生的时间、经过、原因、人员伤亡情况及直接经济损失等。

10.2.4 事故调查组应根据有关证据、资料，分析事故的直接原因、间接原因和事故责任，提出整改措施和处理建议，编制事故调查报告。

10.2.5 工作人员应熟悉事故现场处置方案（附录 E）。

10.2.6 事故发生 24h 内，应形成书面报告并上报。事故报告后出现新情况的，应及时补报。自事故发生之日起 30 日内，事故造成的伤亡人数发生变化的，应及时补报；道路交通事故、火灾事故自发生之日起 7 日内，事故造成的伤亡人数发生变化的，应及时补报。

10.2.7 养护企业应根据事故调查报告，按"四不放过"原则进行处理，做好善后工作。

11 安全生产管理评价与改进

11.1 绩效评定

11.1.1 单位考核
（1）养护企业及养护项目部应建立健全安全生产考核制度，对本单位安全生产工作每年至少进行一次考核。考核的内容应尽量进行细化和量化，对各级责任人分别进行考核。

（2）养护项目部应结合安全检查对安全生产工作情况定期进行考核评比，奖优罚劣。

11.1.2 人员考核
（1）每年对安全生产责任人进行考核。
（2）对员工的年度绩效考核中应包含安全考核内容。

11.2 持续改进

养护企业、养护项目部应根据安全生产标准化的评价结果，以及安全生产的新形势、新技术、新要求，对本单位的安全生产目标、指标、规章制度、操作规程等进行修编和完善，持续改进，不断加强本单位安全生产规范化建设。

11.3 奖励与惩处

养护企业及养护项目部应建立安全生产奖惩制度，对相关人员给予奖励或处罚。

作业篇

12 驻地建设及人员设施设备材料安全管理

12.1 驻地（养护基地）安全管理

12.1.1 驻地（养护基地）规划与选址

（1）驻地（养护基地）应视为高速公路主体工程的配套设施，其安全设施应与新建主体工程同时设计、同时施工、同时投入使用。

（2）驻地（养护基地）规划建设时，办公区、生活区、仓库及车辆停放区等功能设置应科学合理，生产区域与非生产区域（生活、办公区域）应严格分隔，区域分隔应清楚。

（3）驻地（养护基地）应采用主体工程的配套设施，需租用沿线办公楼房或民用房屋时，必须保证其坚固、安全、耐用。宿舍不得设在尚未竣工的建筑物内。

12.1.2 驻地（养护基地）封闭管理

（1）驻地（养护基地）四周应按规定设置连续、密闭的围栏。

（2）驻地（养护基地）门口应设门卫并制定门卫管理制度和岗位责任制度，来访人员应进行登记。

12.2 个体防护

1）个人防护用品的使用必须在其性能范围内，不得超极限使用。不得使用未经国家指定、未经检测部门认可和检测达不到标准的产品。不得随便代替，禁止以次充好。

2）个人防护用品包括：安全帽、安全带、救生衣、防护服、防护鞋、防护手套、防护面具等。

（1）安全帽。

①选用的安全帽应符合现行《安全帽》（GB 2811）的要求，应在有效期内，无外观缺陷等，具体选用规则应参照现行《头部防护 安全帽选用规范》（GB/T 30041）的相关要求。

②在使用期限内，每年应对安全帽进行一次定期检查；每次使用前应检查安全帽各部件是否完好、有无异常，不应随意在安全帽上拆卸或添加附件，以免影响其原有的防

护性能。

③佩戴安全帽时，应将帽带扣在颌下并系牢，锁紧帽箍，确保在使用中不会意外脱落（图12-1、图12-2）。

④安全帽应保持整洁，不得涂刷油漆或用刀具划、刻；安全帽不得存放在酸、碱、有机溶剂、高温、潮湿或其他腐蚀性环境中，以防老化或变质。

图12-1　安全帽构造图　　　　　图12-2　安全帽佩戴示意图

（2）安全带。

①2m以上高处作业时作业人员应正确使用安全带，并遵循"高挂低用"原则（图12-3、图12-4）；使用的安全带应符合现行《安全带》（GB 6095）相关规定。

图12-3　双肩式安全带　　　　　图12-4　安全带高挂低用

②安全带有效期一般为3～5年；每次使用安全带前应检查各部位是否完好可靠，要经常检查安全带长绳、缝制部分及挂钩部分有无损坏，发现异常时立即更换或报废。

③高处作业时，选择的挂钩点应牢固可靠；若无固定挂处，应设置能供安全带钩挂的安全母索、安全栏杆等，禁止把安全带挂在移动、带尖锐棱角或不牢固的物体上。

④安全带不得擅自接长使用，使用3m及以上的长绳时应增设缓冲器（自锁钩用吊

绳例外);安全带上的部件不得任意拆除。

(3)救生衣。

①水上作业或乘坐渡船时人员须穿戴救生衣,救生衣应符合现行《船用救生衣》(GB 4303)相关规定(图12-5)。

②穿着泡沫类工作式救生衣前,应先检查浮力袋、领门带、腰带等是否完好可靠,救生衣如有损坏不得穿戴。

(4)反光衣。

隧道施工、夜间施工作业人员及路口交通指挥人员等须穿戴反光衣(图12-6)。

图12-5 救生衣　　　　　　　图12-6 反光衣

(5)防护服。

①焊接作业时,焊工宜穿着符合现行《防护服装　阻燃防护》(GB 8965)要求的阻燃工作服(图12-7),电工宜穿着符合现行《防静电服》(GB 12014)要求的防静电工作服(图12-8)。

②防护工作服不得与有腐蚀性的物品放在一起,存放处应保持干燥通风。

图12-7 阻燃工作服　　　　　　图12-8 防静电工作服

(6)防护鞋。

①作业人员应正确穿戴防护鞋,电工、焊工须穿着符合现行《个体防护装备　职业鞋》(GB 21146)要求的电绝缘鞋(图12-9)。

②高处作业人员作业时应穿着有防滑效果的防护鞋。

（7）防护手套。

①从事焊工作业及接触强酸、强碱材料的作业人员应佩戴防护手套，电工应佩戴绝缘手套（图12-10）。

②防水、耐酸碱手套使用前应仔细检查，不得破损；绝缘手套应定期检验电绝缘性能。

图12-9　电绝缘鞋　　　　　　　　图12-10　绝缘手套

（8）防护用具。

①电焊作业人员须配备焊接防护面罩，气焊作业人员应配备焊接防护眼镜（图12-11、图12-12）。

②从事金属切割，混凝土、岩石打凿及装饰、打磨等作业的人员须佩戴护目镜（图12-13）。

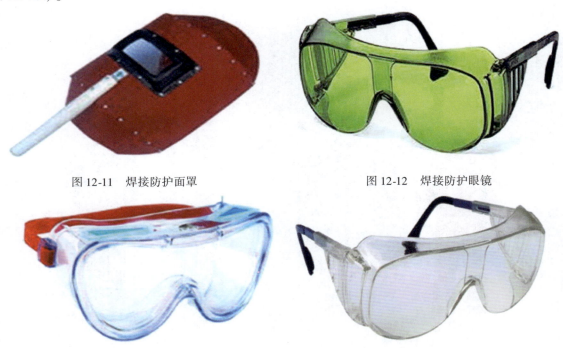

图12-11　焊接防护面罩　　　　　　图12-12　焊接防护眼镜

图12-13　护目镜

③混凝土作业人员、沥青作业人员、隧道钻孔清渣作业人员须佩戴防尘口罩或防尘面罩（图12-14、图12-15）。

图 12-14　防尘口罩　　　　　　　图 12-15　防尘面罩

3）常见工种个人防护用品配备标准见表 12-1。

常见个人防护用品配备表　　　　　表 12-1

序号	作业类型＼名称	工作服	工作帽	工作鞋	劳动防护手套	防寒服	雨衣	眼护具	防尘口罩	防毒护具	安全帽	安全带
1	上路作业	√	√	√	√	√	√	—	—	—	√	—
2	高处作业	√	√	√	√	√	√	—	—	—	√	√
3	电焊作业	zr	zr	fz	√	√	—	hj	—	—	√	—
4	气焊作业	zr	zr	fz	√	√	—	hj	—	—	√	—
5	电气作业	√	√	fz jy	jy	√	√	—	—	—	√	—
6	起重机作业	√	√	√	√	√	√	zw	—	—	√	—
7	其他作业	√	√	√	√	√	√	—	—	—	√	—

注：1. fz-防砸；jy-绝缘；hj-焊接护目；zw-防紫外线；zr-阻燃。
　　2. 上路作业是指在高速公路路面、路基、桥涵、隧道等区域开展的一般性的日常养护作业。

12.3　设施安全管理

12.3.1　办公和生活用房安全管理

（1）按规范配备消防设施，并明确办公和生活区安全消防责任人。

（2）宿舍应保证室内有必要的生活空间，人均居住面积应符合相关要求。宿舍内的单人铺不得超过 2 层，严禁使用通铺。

（3）宿舍内应按规定设置满足住宿人员使用的插座。宿舍内严禁有易燃易爆物品，严禁在宿舍内生火做饭和使用大功率的电器。

（4）存放易燃易爆或其他危险物品的仓库不得与宿舍在同一座建筑物内，并应当与宿舍保持安全距离。

（5）厨房内酒精、煤气瓶、柴火等易燃易爆危险物品，不可放置于炉具或电源插座附近，更不可靠近火源。

12.3.2 仓库安全管理

（1）仓库内外应当设置醒目的安全标志，并设置足够的消防设施和器材。
（2）仓库应安装独立电源开关箱，人员离库时，必须拉闸断电。
（3）仓库外应保持道路畅通，仓库安全出口严禁堆放物品。
（4）各种机动车辆装卸物品后，不准在仓库内停放和修理。
（5）仓库配电线路，应采用金属或非燃硬塑料管保护。
（6）有毒有害、易燃易爆物品应分库存放，并由专人保管。

12.4 机械及设备安全管理

日常养护作业常用车辆、机械的使用应严格遵守附录 F 常用车辆、机械安全操作规程。

12.4.1 施工车辆管理

（1）养护项目部应做好施工车辆的日常管理工作，确保车辆正常安全运行。
（2）施工车辆应自觉遵守交通安全法规，严禁超速行驶、人货混载、隧道口掉头、非交通管制区域倒车等违规作业行为。
（3）养护作业标志、作业指示标志尺寸、样式按现行《道路交通标志和标线》（GB 5768）规定执行。
（4）移动式标志车颜色应为黄色，顶部应安装黄色警示灯，后部应安装标志灯牌。
（5）施工车辆驾驶室顶部明显处应设置箭头指示灯，对于特殊车辆（驾驶室高度不足），应在其最高部位顶部明显处设置箭头指示灯。
（6）清扫车和洒水车应在车尾悬挂移动式施工作业标志。
（7）养护作业期间，施工车辆须开启作业标志灯牌及黄色警示灯。
（8）车辆需有专人引导进入或撤离作业区，同时注意避让现场作业人员及设备。
（9）所有的进场车辆必须在作业区内指定地点停放；车辆严禁违规掉头；施工车辆进出作业区域需主动避让正常行驶的车辆。
（10）过渡区内不得停放车辆。停放的作业车辆不得侵占作业控制区外的空间，也不得危及桥梁、隧道等结构物的安全。
（11）作业中若有社会车辆进入作业控制区域内，应立即停止施工，做好防护措施，并通知路政及交警协调处理。
（12）所有进场车辆必须配备消防安全设备。
（13）作业完成后，所有车辆必须按照指定路线撤离，在确保人员、设备、机械全部撤离后，方可撤掉安全防护设施。

12.4.2 施工机械管理

（1）施工机械必须严格执行安全规定，统一管理，统一调派。施工机械应在作业区内指定地点停放。

（2）机械操作人员严格执行"三检制"，工作前的检查制度，工作中的观察制度和工作后的检查保养制度。

（3）施工机械不得带"病"运转。运转中发现异常情况应立即切断电源、停机检查，及时排除故障。

（4）施工机械应按时进行保养，严禁机械带故障或超负荷运转。

（5）禁止在机械运行过程中进行保养、修理作业。

（6）施工机械使用前必须确保其安全措施齐全、有效，作业时应严格遵守安全操作规程。

12.5 材料安全管理

12.5.1 常规材料

（1）施工材料、构件、器具存放应统一布局，按种类、大小、长短整齐堆置，材料堆码高度一般不超过1.5m。

（2）堆置及移动材料时应小心谨慎，保持平稳，不致倾塌，避免生产安全事故发生。

（3）过渡区内不得堆放材料。堆放的施工材料不得侵占作业控制区外的空间，也不得危及桥梁、隧道等结构物的安全。

（4）公路陡坡、急弯内侧的路肩严禁堆放砂石料等堆积物，其余路段因养护作业需临时堆料的，材料应整齐堆放在工作区内。

12.5.2 危险品材料

有毒有害、易燃易爆、不能与其他材料接触或混放的材料应分开存放，有防雨防晒及其他要求的材料应采取相应保护措施。

12.5.3 应急抢险材料

应急抢险材料应按规定备足备全，并放置在易取处。

13 电气及动火作业安全管理

13.1 用电操作作业要点

13.1.1 裸露的带电导体应安装在人触碰不到的处所，并设置安全遮拦和警告标志。露天装设的电气设备，应有防雨、防潮的措施。

13.1.2 每台用电设备应有其专用的开关箱，严禁用同一个开关箱直接控制 2 台及以上用电设备（含插座），配电箱、开关箱应标明所控制的电器名称。

13.1.3 安装、维修或拆除临时用电工程，必须由电工完成。电工持证等级应同工程的难易程度和技术复杂性相适应。

13.1.4 各类用电人员应掌握安全用电基本知识和所用设备的基本性能，负责保护所用设备的负荷线，保护零线和开关箱，一旦发现问题应及时报告解决。
（1）使用设备前必须按规定穿戴劳动防护用品，并检查电气装置和保护设施是否完好，严禁设备带"病"运转。
（2）停用的设备必须拉闸断电，锁好开关箱。

13.1.5 用电单位必须建立用电安全岗位责任制，明确用电负责人。值班人员、维修人员必须掌握必要的电气知识，掌握触电解救法和人工呼吸法，并经常参加安全学习。

13.1.6 无特种人员操作证不得上岗操作，发现非电工作业人员从事电气操作应及时制止。

13.1.7 施工用电主要技术要求：
（1）接地与接零保护系统应有效。
（2）配电线路和电器符合安全规定。
（3）潮湿作业使用 36V 以下安全电压。
（4）高处带电作业用电必须有人监护，施工人员接近高压线操作时，其最小安全距离必须符合表 13-1 规定。

施工人员与高压线路的边线之间的最小安全距离　　　　　　　　　　　表 13-1

外电线路电压等（kV）	1～10	35～110	220	330～500
最小安全操作距离（m）	6.0	8.0	10	15

（5）现场架设的临时线路必须用绝缘物支撑，不得将电线缠绕在钢筋、树木或脚手架上。

13.1.8 移动式小型发电机使用时，在出口侧应设置短路、过载、低压及漏电等保护装置，机体应可靠接地。

13.1.9 加强运行维护和检修试验工作，认真做好电气设备的定期巡视检查，发现问题及时处理，并及时准确地填写好工作记录。如遇大风、雨、雪、雾等恶劣天气时，应加强对电气设备的巡视。

13.1.10 线路铺设规范，配电箱、开关箱应及时上锁，用电标志明显。流动式电线应及时回收，妥善保管。

13.1.11 实施三相五线制，在拉设临时电源时，电线必须为防水线，宜采用架空形式铺设，不能架空的，须用钢管保护，避免电线被车辆、被物压。

13.1.12 施工现场临时用电工程必须采用 TN-S 系统工作零线与保护零线分开设置的接零保护系统，设置专用的保护零线，使用五芯电缆配电系统，采用"三级配电，两级保护"，同时开关箱必须装设漏电保护器，实行"一机，一闸，一漏电保护"。装接地线，必须先接接地端，后接导体端，且确保接触良好，拆除接地线顺序与此相反。

13.1.13 总配电箱、分电箱、现场照明、线路敷设等必须符合国家标准的规定；配电箱必须采用铁板制作，铁板厚度应大于 1.5mm；配电箱应编号，表明其名称、用途、维修电工姓名；箱内应有配电系统图，标明电器元件参数及分路名称；配电箱门应配锁，有防雨、防砸措施；箱内应保持清洁，不得有杂物。

13.1.14 电动机具和照明设备拆除后，不能留有带电的导线，如果导线必须保留，应将电源切断，并将线头包扎绝缘。

13.2 电动机械及手持式电动工具安全要点

13.2.1 作业人员在潮湿场所或金属构架上操作时，必须选用Ⅱ类或由安全隔离变压器供电的Ⅲ类手持式电动工具。金属外壳Ⅱ类手持式电动工具在使用时，其金属外壳与

PE 线的连接点不得少于 2 处，其开关箱和控制箱应设置在作业场所外面。在潮湿场所或金属构架上，严禁使用 I 类手持式电动工具。

13.2.2 手持式电动工具的负荷线必须采用耐气候型橡皮护套铜芯软电缆，并不得有任何破损和接头。水泵的负荷线必须采用防水橡皮护套的铜芯软电缆，严禁有任何破损和接头，并不得承受任何外力。

13.2.3 使用手持式电动工具时，作业人员必须按规定穿戴绝缘防护用品。

13.3 动火作业管理

13.3.1 在禁火区，除生产工艺用火外，其他可产生火焰、火花和赤热表面的作业均属动火作业，必须办理动火审批手续。

13.3.2 动火工具必须完好，安全措施齐全，符合安全要求，氧气瓶、乙炔瓶与明火距离不得小于 10m，乙炔瓶与氧气瓶距离不得小于 5m。

13.3.3 动火附近的下水井、水沟、电缆沟、排水沟应清除易燃易爆物或予封闭隔离。

13.3.4 高处动火禁止火花飞溅，应以海草席或石棉布进行围接。

13.3.5 室内动火应将门窗打开，周围设备遮盖，附近不得有油漆、稀释剂等挥发性强的易燃易爆物料。

13.3.6 动火现场，应按规定放置消防设施，设置消防安全标志。消防安全标志及其设置要求应符合现行《消防安全标志 第 1 部分：标志》（GB 13495.1）和现行《消防安全标志设置要求》（GB 15630）的有关规定。动火结束，监火人员应把消防器材放回原位，动火负责人需全面检查动火现场，安排清理，以防意外。

13.3.7 不应在电器设备周围使用火源，特别在变压器、发电机等设施附近严禁烟火。

13.3.8 易燃易爆物品堆放区距离养护作业控制区不应小于 50m，电器设备和电器线路周围不能堆放易燃易爆物品和腐蚀介质。

14 高速公路养护作业控制区布置

14.1 公路养护安全设施

14.1.1 安全标志

（1）根据现行《道路交通标志和标线 第4部分：作业区》（GB 5768.4）和现行《公路养护安全作业规程》（JTG H30）布置安全标志。

（2）安全标志应当保持良好状态，发现有破损、变形、褪色等不符合要求的应当及时修复、完善、更换。

（3）中央分隔带安全标志标牌及连接杆宜采用轻质材料代替铁制材料以减轻重量，方便作业人员布设施工。

14.1.2 车道渠化设施

1）交通锥

（1）形状、颜色和尺寸应符合现行《道路交通标志和标线》（GB 5768）的有关规定，布设在上游过渡区、缓冲区、工作区和下游过渡区。

（2）布设间距不宜大于10m，其中上游过渡区和工作区布设间距不宜大于4m。

2）防撞桶

（1）颜色应黄、黑相间，顶部可附设警示灯，用于下坡路段养护作业，宜布设在工作区或上游过渡区与缓冲区之间。

（2）使用前应灌水，灌水量不应小于其内部容积的90%。在冰冻季节，可采用灌砂的方法，灌砂量不应小于其内部容积的90%。

3）防撞墙和施工隔离墩

颜色应黄、黑相间，顶部可附设警示灯，用于下坡路段养护作业，宜布设在工作区或上游过渡区与缓冲区之间。

4）水马

（1）颜色为橙色或红色，高度不得小于40cm，用于下坡路段养护作业，宜布设在工作区或上游过渡区与缓冲区之间。

（2）使用前应灌水，灌水量不应小于其内部容积的90%。在冰冻季节，可采用灌砂的方法，灌砂量不应小于其内部容积的90%。

5）附设警示灯的路栏

颜色为黄、黑色相间，宜布设在工作区或上游过渡区与缓冲区之间。

14.1.3　移动标志车

（1）车身颜色应为黄色，顶部应安装黄色警示灯，后部应安装标志灯牌。

（2）用于临时养护作业或移动养护作业。

14.1.4　车载式防撞垫

颜色应黄、黑相间，可安装在养护作业车辆或移动式标志车的尾部，车载式防撞垫示例见图14-1。

图14-1　车载式防撞垫示例

14.1.5　交通安全指挥假人模型

模型应穿反光服、戴安全帽，模型手臂上下摆动，警示车辆行人注意安全；配有警示灯，利于夜间施工警示；宜采用太阳能充电板进行节能环保充电。交通安全指挥假人模型示例见图14-2。

图14-2　交通安全指挥假人模型示例

14.2 养护作业控制区划分及布置要点

14.2.1 高速公路养护作业控制区划分

养护作业控制区是指为公路养护作业所设置的交通管控区域，分为警告区、上游过渡区、纵向缓冲区、横向缓冲区、工作区、下游过渡区及终止区等七个区域。作业区域图示符号如下：

G——工作区长度；

H——纵向缓冲区长度；

H_h——横向缓冲区宽度；

L_j——封闭路肩上游过渡区长度；

L_s——封闭车道上游过渡区长度；

L_x——下游过渡区长度；

S——警告区长度；

Z——终止区长度。

养护作业控制区示例见图 14-3。

14.2.2 养护作业控制区限速及各区长度

1）养护作业控制区限速应符合下列规定：

（1）限速过程应在警告区内完成。

（2）限速应采用逐级限速或重复提示限速方法。逐级限速宜每 100m 降低 10km/h。相邻限速标志间距不宜小于 200m。

（3）最终限速值不应大于表 14-1 的规定。当最终限速值对应的预留行车宽度不符合要求时，应降低最终限速值。

（4）高速公路封闭路肩养护作业，表 14-1 中的最终限速值可提高 10km/h 或 20km/h。

（5）隧道养护作业，表 14-1 中的最终限速值可降低 10km/h 或 20km/h。

养护作业限速值　　　　　表 14-1

设计速度（km/h）	限速值（km/h）	预留行车宽度（m）
120	80	3.75
100	60	3.50
80	40	3.50
60	30	3.25

2）高速公路警告区最小长度。

高速公路警告区最小长度应符合表 14-2 的规定。当交通量 Q 超出表中范围时，宜采取分流措施。

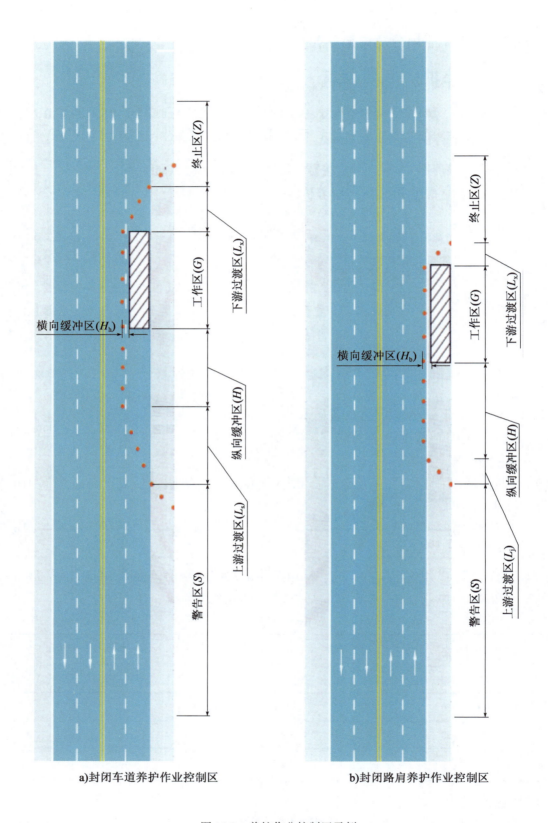

a) 封闭车道养护作业控制区　　　　b) 封闭路肩养护作业控制区

图 14-3　养护作业控制区示例

高速公路警告区最小长度 表 14-2

设计速度（km/h）	交通量 Q	警告区最小长度（m）
120	Q≤1400	1600
	1400<Q≤1800	2000
100	Q≤1400	1500
	1400<Q≤1800	1800
80	Q≤1400	1200
	1400<Q≤1800	1600

3）上游过渡区最小长度。

封闭车道养护作业的上游过渡区最小长度值应符合表 14-3 的规定，封闭路肩养护作业的上游过渡区长度不应小于表 14-3 中数值的 1/3。

封闭车道上游过渡区最小长度 表 14-3

最终限速值（km/h）	封闭车道宽度（m）			
	3.0	3.25	3.5	3.75
80	150	160	170	190
70	120	130	140	160
60	80	90	100	120
50	70	80	90	100
40	30	35	40	50
30	20	25	30	
20	20			

4）纵向缓冲区最小长度。

纵向缓冲区最小长度应符合表 14-4 规定。当工作区位于下坡路段时，纵向缓冲区的最小长度应适当延长。

纵向缓冲区最小长度 表 14-4

最终限速值（km/h）	不同下坡坡度的纵向缓冲区最小长度（m）	
	≤3%	>3%
80	120	150
70	100	120
60	80	100
50	60	80
40	50	
30、20	30	

5）在保障行车道宽度的前提下，工作区和纵向缓冲区与非封闭车道之间宜布置横向缓冲区，其宽度不宜大于 0.5m。

6）下游过渡区的长度不宜小于 30m，终止区的长度不宜小于 30m。

14.2.3 养护作业控制区布置要点

1) 车道养护作业控制区布置要点。

（1）四车道公路封闭车道或路肩的养护作业，作业控制区布置示例可参考现行《道路交通标志和标线　第4部分：作业区》（GB 5768.4）和现行《公路养护安全作业规程》（JTG H30）。

（2）六车道及以上公路养护作业封闭中间车道时，宜同时封闭相邻一侧车道，并应设置两个上游过渡区，其最小间距不应小于200m。在交通量大的路段养护作业，不能同时封闭相邻车道时，宜采用必要措施加强现场交通管控。作业控制区布置示例可参考现行《道路交通标志和标线　第4部分：作业区》（GB 5768.4）和现行《公路养护安全作业规程》（JTG H30）。

（3）借用对向车道通行的养护作业，应结合中央分隔带开口位置，利用靠近养护作业一侧的车道通行，双向车道都应布置作业控制区。借用车道双向通行分隔宜采用带有链接的车道渠化设施，并应在前一出口或平面交叉口布设长大车辆绕行标志。作业控制区布置示例可参考现行《道路交通标志和标线　第4部分：作业区》（GB 5768.4）和现行《公路养护安全作业规程》（JTG H30）。

（4）立交出、入口匝道附近及匝道上养护作业区布置，应根据工作区在匝道上的具体位置而定。匝道养护作业区警告区长度不宜小于300m。当匝道长度小于警告区最小长度时，作业控制区最前端的交通标志应布设在匝道入口处。作业控制区布置示例可参考现行《道路交通标志和标线　第4部分：作业区》（GB 5768.4）和现行《公路养护安全作业规程》（JTG H30）。

2) 桥涵养护作业控制区布置要点。

（1）桥梁养护作业时应加强车辆限速、限宽和限载的通行控制。

（2）当预判桥梁养护作业会出现车辆排队时，应利用桥梁检查站、收费站、正常路段或警告区布置大型载重汽车停靠区，并布设"重车靠右停靠区"标志，间隔放行大型载重汽车，不得集中放行。

（3）中、小桥和涵洞养护作业应封闭整条作业车道作为工作区，纵向缓冲区宜止于桥头。作业控制区布置示例可参考现行《道路交通标志和标线　第4部分：作业区》（GB 5768.4）和现行《公路养护安全作业规程》（JTG H30）。

（4）工作区起点距桥头小于300m时，纵向缓冲区起点应提前至桥头。作业控制区布置示例可参考现行《道路交通标志和标线　第4部分：作业区》（GB 5768.4）和现行《公路养护安全作业规程》（JTG H30）。

（5）工作区起点大于或等于300m时，应按相应的公路养护作业控制区布置，并在桥头布设施工标志。作业控制区布置示例可参考现行《道路交通标志和标线　第4部分：作业区》（GB 5768.4）和现行《公路养护安全作业规程》（JTG H30）。

3) 隧道养护作业控制区布置要点。

（1）隧道养护作业控制区中交通锥的布设间距不宜大于4m，缓冲区和工作区照明应满足养护作业照明要求。

（2）隧道养护作业人员应穿戴反光服装和安全帽，养护作业机械应配备反光标志。

（3）特长、长隧道养护作业应全时段配备交通引导人员，轮换时间不应超过4h。

（4）中、短隧道养护作业应封闭隧道内整条作业车道，下游过渡区宜布置在隧道出口外。

（5）双洞单向通行的中、短隧道养护作业，上游过渡区应布置在隧道入口前。作业控制区布置示例可参考现行《道路交通标志和标线　第4部分：作业区》（GB 5768.4）和现行《公路养护安全作业规程》（JTG H30）。

（6）隧道群养护作业，当警告区标志位于前方隧道内时，应将标志提前至前方隧道入口处，作业控制区布置示例可参考现行《道路交通标志和标线　第4部分：作业区》（GB 5768.4）和现行《公路养护安全作业规程》（JTG H30）。

4）收费广场养护作业控制区布置要点。

（1）收费广场养护作业应关闭受养护作业影响的收费车道，并布置养护作业控制区。进行各类养护作业时不得全部封闭单向收费车道。

（2）主线收费广场养护作业控制区可简化，工作区在收费车道入口处时，可仅布置警告区、上游过渡区、缓冲区和工作区，警告区应布设施工标志，上游过渡区应布设闪光箭头或导线标志，车辆无须变道时，宜布设施工标志。主线收费广场养护作业工作区在收费车道出口处时，可仅布置工作区和下游过渡区，并关闭对应的收费车道。作业控制区布置示例可参考现行《道路交通标志和标线　第4部分：作业区》（GB 5768.4）和现行《公路养护安全作业规程》（JTG H30）。

（3）匝道收费广场养护作业，应按作业位置确定作业控制区布置，匝道收费口前养护作业，应在匝道入口布设施工标志，并关闭养护作业的收费车道，上游过渡区和缓冲区长度均可取10~20m。匝道收费口后养护作业，应关闭对应的收费车道，并布置下游过渡区，其长度可取5~10m。作业控制区布置示例可参考现行《道路交通标志和标线　第4部分：作业区》（GB 5768.4）和现行《公路养护安全作业规程》（JTG H30）。

5）同一行车方向不同断面同时进行养护作业时，相邻两个工作区净距不宜小于5km。

6）临时养护作业控制区可采用单一限速控制，警告区长度宜取长、短期养护作业警告区长度的一半，但应配备交通引导人员，当布设移动式标志车时，可不布设上游过渡区。作业控制区布置示例可参考现行《道路交通标志和标线　第4部分：作业区》（GB 5768.4）和现行《公路养护安全作业规程》（JTG H30）。

7）机械移动养护作业宜布设移动式标志车，当作业机械配备闪光箭头或车辆闪光灯时，可不布设移动式标志车。作业控制区布置示例可参考现行《道路交通标志和标线　第4部分：作业区》（GB 5768.4）和现行《公路养护安全作业规程》（JTG H30）。

8）人工移动养护作业应避开高峰时段。作业控制区布置示例可参考现行《道路交通标志和标线　第4部分：作业区》（GB 5768.4）和现行《公路养护安全作业规程》（JTG H30）。

14.3 安全设施布设与移除

14.3.1 养护作业安全设施是针对作业期间设置的临时性设施，作业完成后应及时拆除并恢复原交通标志、标线及其他设施。

14.3.2 养护作业控制区安全设施的布设与移除，应按移动养护作业要求进行。

14.3.3 公路养护安全设施在使用期间应定期检查维护，保持设施完好并能正常使用。

14.3.4 安全设施的布设顺序应从警告区开始，向终止区推进，确保已摆放的安全设施清晰可见。安全设施布设示例见图 14-4。

图 14-4　安全设施布设示例

14.3.5 养护作业人员摆放标志应按照先高速公路外侧后高速公路内侧、先交通标志后安全隔离设施（锥形交通路标、隔离墩等）的次序，顺车流方向摆放。

14.3.6 在作业区域进行交通锥摆放时，宜采用带有闪光箭头的施工摆放车辆。

14.3.7 除警告区标志的移除顺序应与布设顺序相同外，其余的安全设施移除顺序应与布设顺序相反。

14.3.8 作业人员撤除交通标志及安全隔离设施，应按照先高速公路内侧后高速公路外侧的原则进行。

14.4 养护作业控制区安全管理规定

14.4.1 材料、机具、设备等作业物品的摆放停放要在工作区内，整齐有序。

14.4.2 工作区内长、大型设备进行作业时，应保证吊杆、传送带等悬出部分不能伸出作业控制区，不得影响相邻车道的车辆正常通行。

14.4.3 养护作业控制区应设置工程车辆专门的出、入口，并宜设在顺行车方向的下游过渡区内。当工程车辆需经上游过渡区或工作区进入时，应布设警告标志并配备交通引导员。

14.4.4 作业现场夜间不能撤离的，按照本指南第23.2节"夜间作业"的相关规定进行设置。

14.4.5 视距条件较差、路线弯道较急、坡度较大路段，作业控制区的布置应考虑弯道及纵坡的影响，适当增加安全防护措施。

15　日常养护巡查安全要点

（1）巡查人员必须穿反光标志的背心，配备必要的检查工具或设备。

（2）巡查车辆宜采用移动式标志车，车身颜色应为黄色，顶部应安装黄色警示灯，后部应安装标志灯牌。

（3）巡查过程中需停车检查的，车辆须按规定开启警示灯后停放在应急车道或硬路肩，并在车后设置安全警示标志。进入已实施交通管制的作业点时，须从工程车辆专门的进出口出入。

（4）发现有影响交通路障（漏撒物等）应及时清除。如发现严重影响交通安全的问题，应及时向上级汇报。

（5）结构物检查时应由检查通道进入，上下检查通道时注意防滑、防跌、防蛇虫。

（6）进行高处作业时，应穿戴好安全带、安全帽、工作鞋等安全措施，严格按照高处作业安全操作规程作业。

（7）在发生大的洪水、台风、地震等自然灾害后进行特殊巡查时，应待天气状况稳定后进行巡查。

（8）作业人员不得随意横穿行车道，需要穿越行车道时，宜设专人指挥，仔细查看来车行驶情况，确认有足够安全距离时快速通过。

16 路基作业安全要点

16.1 一般要求

16.1.1 公路养护作业人员所携带小型作业机具应放置在行车道以外。

16.1.2 在山体滑坡、塌方、泥石流等路段进行养护清除作业时,要指派专人观察险情,以防意外。

16.1.3 在山区公路路肩、边坡等路段进行养护生产作业时,应采取防滑、防坠落措施,并注意防止危岩、浮石滚落。

16.1.4 作业人员应对锹、镐等操作工具进行检查,确保木柄结实,连接牢靠。清理过程中,作业人员之间须保证足够的安全距离。

16.1.5 作业人员不得随意横穿行车道,需要穿越行车道时,宜设专人指挥,仔细查看来车行驶情况,确认有足够安全距离时快速通过。

16.2 日常保洁作业

16.2.1 土路肩与边坡保洁
（1）作业人员需注意防滑、防跌,不得随意攀爬登高作业。
（2）作业过程中将装满垃圾的编织袋及大件垃圾堆放在土路肩不影响行车的地方,统一装车清运,严禁携带大件物品作业或将垃圾直接扔到桥下及隔离栅外。
（3）作业时应预防蛇虫等攻击性动物叮咬。

16.2.2 排水设施清理
（1）作业范围内有检查通道的必须经检查通道进入作业现场,若无检查通道,则由带班人员选定一处相对平顺的便道进入作业现场。
（2）涵洞清理作业时,必须在通风效果良好的环境下作业,若发现现场通风效果较差应做好通风措施后方可作业。

(3) 高边坡排水设施清理应由上至下进行，严禁上下同时作业。当排水设施垂直高度过大时必须系上安全绳进行作业。

16.3 小修保养作业

16.3.1 土方作业

（1）土方作业区域对应的路面应按规定设置养护作业控制区。
（2）人工挖土方必须自上而下顺序放坡进行，严禁采用挖空底脚的操作方法。
（3）在靠近建筑物、设备基础、电杆及各种脚手架附近挖土时，必须采取安全防护措施。
（4）高陡边坡处作业必须遵守下列规定：
①作业人员应根据情况佩戴安全带，注意自身安全。
②开挖工作应与装运作业面相互错开，严禁上下双重作业。
③坡面上的作业人员对松动的土、石块必须及时清除，严禁在危石下方作业、休息和存放机具。
④上边坡作业时，应设置防护设施，对土石进行有效的阻挡，保证通行车辆的安全。
（5）作业中如发现山体有滑动、崩坍迹象危及作业安全时，应暂停作业，撤出人员和机具，并报上级处理。
（6）滑坡地段的开挖，应从滑坡体两侧向中部自上而下进行，严禁全面拉槽开挖，弃土不得堆在主滑区内。
（7）在落石与岩堆地段作业，应先清理危石并设置拦截设施后再行开挖。开挖面坡度应按设计进行，坡面上松动石块应边挖边清除。
（8）采用人工挑、抬、运土时，应检查箩筐、土箕、抬扛、扁担、绳索等的牢固程度。
（9）配合机械作业的清底、平地、修坡等辅助工作应与机械作业交替进行。机上、机下人员必须密切配合，协同作业。当必须在机械作业范围内同时进行辅助工作时，应停止机械运转后，辅助人员方可进入。

16.3.2 砌筑作业

（1）人工挖基作业时，从基坑内抛上的土方应边挖边运。基坑上边缘暂时堆放的土方至少应距坑边 0.8m 以外，堆放高度不得超过 1.5m。
（2）砌石工程必须自下而上砌筑。片石改小，不得在脚手架上进行。
（3）护墙砌筑时，墙下严禁站人。抬运石块上架，跳板应坚固，并设防滑条。
（4）抹面、勾缝作业必须先上后下。严禁在砌筑好的坡面上行走，上下必须用爬梯。架上作业时，架下不准有人操作或停留，不得上面砌筑、下面勾缝。
（5）搬运较长物件时，应注意前后、左右，以防撞伤他人；转弯或放下物件时应注意安全，以防扭伤。

（6）搬运石灰、水泥或其他有腐蚀性、污染、易燃易爆的物品时，应使用必要的防护用品，并站立在上风处工作。

（7）搬运块石和砌石时，不得将块石由高处向低处抛扔，防止砸伤他人。

（8）用手推车装运材料时，不得倒拖；装车时，应自前而后，卸车应自后而前，防止车头翘起伤人。

17 路面作业安全要点

17.1 一般要求

17.1.1 应根据车流量、天气、气候等情况确定作业时间，不得在能见度差（如夜间、雨雾天）的条件下进行路面养护作业。

17.1.2 作业人员不得随意横穿行车道，需要穿越行车道时，应设专人指挥，仔细查看来车行驶情况，确认有足够安全距离时快速通过。

17.2 日常保洁作业

17.2.1 机械清扫
（1）作业前应确保清扫车辆车况及各种安全警示标志正常。
（2）机械清扫宜采用机械移动养护作业，当作业机械配备闪光箭头或车辆闪光灯时，可不布设移动式标志车。
（3）清扫车进入清扫路段时，应开启警示灯具及警示音装置，并注意过往车辆的动态。

17.2.2 人工保洁
（1）保洁人员应身体健康，熟悉公路位置标牌标志，并随身携带通信工具，如感觉身体不适可立即请求救助。
（2）中间休息时应在护栏外侧，严禁倚坐在护栏上休息。
（3）如有突发事件发生，应及时向负责人汇报。
（4）不得安排同一个人同时进行中央分隔带和路肩垃圾清捡。
（5）中央分隔带垃圾清理养护作业，应封闭靠近中央分隔带的内侧车道，并按临时养护作业控制区布置。
（6）路肩清扫、清捡宜采用人工移动养护作业。作业时面向来车方向，随时观察来车动态，发现险情及时避让。
（7）保洁人员宜头戴闪烁灯，背带蜂鸣器，以提示来往车辆注意避让。
（8）作业过程中将装满垃圾的编织袋及大件垃圾堆放在土路肩不影响行车的地方，

统一装车清运，严禁携带大件物品作业或将垃圾直接扔到桥下及隔离栅外。

17.3 小修保养作业

17.3.1 一般要求
路面小修保养作业必须按规定设置养护作业控制区。

17.3.2 沥青路面坑槽修补
1）沥青路面修复需根据工程量大小、作业时间长短布置养护作业控制区，宜采用临时养护作业。

2）路面切割安全操作要点。

（1）切缝机锯缝时，刀片夹板的螺母应紧固，各联结部位和安全防护罩应完好正常。切缝前应先打开冷却水，冷却水中断时应停止切缝。

（2）切缝时刀片应缓缓切入，并注意切割深度指示器，当遇有较大切割阻力时，应立即升起刀片检查。

（3）停止切割时应先将刀片提离板面后方可停止运转。

3）路面凿除安全操作要点。

（1）风镐凿除旧路面时，各部管道接头必须紧固，不漏气。胶皮管不得缠绕打结，并不得用折弯风管的办法作闭气之用，也不得将风管置于胯下。

（2）风管连接风镐后应试送气，检查风管内有无杂物堵塞。送气时，要缓慢旋开阀门，不得猛开。

（3）鼓风机清理沉渣时，应站在上风向，背向非封闭车道作业。

4）沥青洒布安全操作要点。

（1）根据工程量大小确定洒布形式。

（2）人工洒布沥青时应按规定佩戴安全防护用品。

（3）洒布沥青时，作业范围内不得有人，作业现场严禁使用明火。

（4）喷洒沥青时，手握的喷油管部分应做好隔热措施。操作时，喷头严禁向上。喷头附近不得站人，不得逆风操作。

（5）喷洒沥青时，如发现喷头堵塞或其他故障，应立即关闭阀门，等修理完好后方可再行作业。

5）热再生车加热混合料。

（1）作业前应检查再生设备机电设备和短路过载保安装置是否良好，电气设备有无接地，确认符合要求后方可合闸作业。

（2）热再生作业时应保证被加热对象内不含有金属物，确保被加热处无易燃物，以防出现明火，损伤加热板。

（3）热再生作业时应确保四周的屏蔽网完全罩住被加热处，工作人员严禁靠近加热墙周边 0.5m 范围内。

（4）加热结束后勿用肢体接触加热区域，禁止进入加热区域，避免摔倒烫伤。

6）沥青混合料加热机加热混合料。

（1）加热机启动、停机，必须按操作规定进行。点火失效时，应及时关闭喷燃器油门。

（2）运转过程中，如发现有异常情况，应及时排除故障。

（3）停机前应首先停止进料，等各部位（拌鼓、烘干筒等）卸完料后，才可提前停机。再次启动时，不得带负荷启动。

7）冷拌沥青混合料修复。

（1）按规范布设作业控制区，作业范围不得超出作业区域。

（2）路面切割、凿除、碾压参照相关安全操作要点执行。

8）机械碾压。

（1）压路机作业前应确保滚轮前后无人，作业范围不得超出作业区域。

（2）严禁在压路机没有熄火、下无支垫的情况下，进行检修。

（3）压路机应停放在对交通及作业无妨碍的地方。

17.3.3 沥青路面裂缝修补

（1）沥青路面裂缝修补宜采用移动养护作业。

（2）压缝带修补裂缝时，如采用热贴材料，在加热时作业人员应加强作业现场防火管理，液化石油气瓶必须装配回火减压装置。

（3）热熔材料灌缝时：

①加热设备必须固定牢固，旁边禁止堆放易燃易爆物品。

②加热过程中作业人员应轻轻搅拌，防止灌缝材料飞溅出来；站在上风处，防止过多吸入废气。

③禁止在车辆行驶中加注或加热灌缝材料。

④机械与人工灌缝作业人员应注意预防高温烫伤。

⑤机械灌缝时，操作人员必须严格遵守相关安全操作规程。

⑥起火时要及时用灭火器灭火，禁止采用翻锅或浇水等方式灭火。

17.3.4 水泥混凝土路面面板更换

1）路面切割与凿除安全操作要点

按照沥青路面切割与凿除安全操作要点执行。

2）水泥混凝土运送作业安全操作要点

水泥混凝土运输车运送混凝土拌和物时，应遵守下列规定：

（1）液压泵、液压马达及阀件应紧固，并与管道连接牢固，密封良好。

（2）各泵旋转时应无卡阻和异常声响。

（3）当传动系统出现故障，液压油输出中断而导致滚筒停转，并一时无法修复时，要利用紧急排出系统快速排出混凝土拌和物。

（4）严禁用手触摸旋转中的搅拌筒和随动轮。

（5）水泥混凝土运输车运送混凝土拌和物时不得超载和超速行驶。

3）人工摊铺安全操作要点

（1）装卸钢模时，必须逐片轻抬轻放，不得随意抛掷。

（2）使用振捣器（含插入式、附着式、平板式振捣器）时，操作人员应穿戴安全防护用品（绝缘胶鞋、绝缘手套）。配电盘（箱）的接线宜使用电缆线；在大体积混凝土中作业时，电源总开关应放置在干燥处；多台振捣器同时作业，应设集中开关箱，并由专人负责看管；风动振捣器的连接软管不得有破损或漏气，使用时要逐渐开大通气阀门。

（3）固定模板时，插钉或长圆头钉等不得乱放乱搁，以免伤人。

4）混凝土摊铺机（三辊轴）安全操作要点

（1）布料机与振平机之间应保持 5~8m 的安全距离。不得将刮板置于运行方向垂直的位置，也不得借助整机的惯性冲击料堆。无关人员不得在驾驶台上停留或上下摊铺机。

（2）真空吸水作业时，严禁操作人员在吸垫上行走或将物件置压在吸垫上。

（3）使用水泥混凝土抹平机时，其联结螺栓应紧固不松动，并在无负荷状态下启动。电缆要有专人收放，不打结，不砸压。

5）混凝土路面养护安全操作要点

薄膜养护的溶剂，应做好储运装卸的安全工作。喷洒时应站在上风处，穿戴安全防护用品。

17.3.5 水泥混凝土路面裂缝修补

（1）扩缝机、清缝机、灌缝机按安全操作规程操作，使用过程中，设备不得超出作业控制区范围。

（2）灌缝胶配置需由专人负责，身体外露部位不得直接与其接触。

18 桥涵作业安全要点

18.1 一般要求

18.1.1 作业人员进行桥涵高处作业时,应按照"高处作业人员"安全管理要求,严格落实各项安全防护措施。同时,如需占用桥面作业,应按规范要求设置养护作业控制区。

18.1.2 作业人员不得随意横穿行车道,需要穿越行车道时,应设专人指挥,仔细查看来车行驶情况,确认有足够安全距离时快速通过。

18.2 日常保洁作业

18.2.1 桥面保洁参照路面保洁安全操作要点执行。

18.2.2 桥梁伸缩缝、泄水孔宜采用移动作业方式进行清理,作业人员应面向来车方向作业。

18.2.3 涵洞、通道清理:
(1) 作业范围内有检查通道的必须经检查通道进入作业现场,上下检查通道时应注意防滑、防跌。
(2) 应确保涵洞、通道通风良好,且洞外应留人及时提醒,以便发生紧急事故时,能够及时采取相关抢救措施。

18.3 小修保养作业

18.3.1 桥梁养护维修作业时,首先应了解架设在桥面上下的各种管线,并应注意保护公用设施(煤气、水管、电缆、架空线等),必要时应与高速公路运营单位路政部门联系,了解各种管线的性质。

18.3.2 桥梁作业搭设的临时脚手架应保证其基础牢固,与固定结构连接牢固,并应有足够宽的安全平台供作业人员行走。

18.3.3 进行有通航的水中桥墩、桥台维修时，应在上、下游航道两端设置安全设施，必要时应与有关单位联系，取得配合。

18.3.4 桥梁栏杆外作业，设置悬挂式吊篮等防护设施时，应根据结构、高度及施工工艺进行桥梁支架、挂篮、脚手架等结构件的安装，并经安全检验合格后方可进行作业。

18.3.5 进入主塔、锚室、箱梁内作业时，应确保结构物内部通风良好，防止作业人员中毒、缺氧窒息等生产安全事故发生。同时应至少安排 2 名作业人员入内进行作业，并定时与外部人员保持通讯联系。

18.3.6 桥面局部轻微损坏、涵洞进出口铺砌修复，参照路面修复安全操作要点执行。

18.3.7 涵洞、通道更换填缝料（沥青麻絮）时，作业人员要预防高温烫伤；沥青加热时，作业人员应站在上风处。

19 隧道作业安全要点

19.1 一般要求

19.1.1 隧道养护作业应按规定设置养护作业控制区。

19.1.2 隧道养护作业人员必须正确穿戴工作服、反光背心、安全帽、肩闪灯等防护用品。

19.1.3 对养护机械、台架应进行全面的安全检查，并应在机械上设置醒目的反光标志，在台架周围设置防眩灯，显示作业现场的轮廓。

19.1.4 作业人员不得随意横穿行车道，需要穿越行车道时，应设专人指挥，仔细查看来车行驶情况，确认有足够安全距离时快速通过。

19.1.5 施工车辆在进出养护作业区时，应观察前后有无来车，在安全情况下驶出或进入作业区。养护作业人员不得随意横穿隧道路面。

19.1.6 作业前应检查施工信号灯是否准确、明显，施工标志设置是否规范。

19.1.7 在进行1km以上的隧道维护作业时，应提前检测隧道内一氧化碳、烟雾等有害气体的浓度及能见度是否会影响作业安全。

19.1.8 涉及高处作业时，作业人员应佩戴好安全带、安全帽等安全防护用品。

19.2 日常保洁作业

19.2.1 隧道内路面宜以机械清扫为主，清扫时应防止产生扬尘。机械清扫的时间应根据车流量及天气情况而定，避免车流高峰及雨雾天气作业。

19.2.2 侧墙的清洁宜以机械作业为主，人工作业为辅。

19.2.3 采用湿法清洁时，应防止路面积水，并应注意保护隧道内机电设施的安全。

19.2.4 因清洗需要喷涂清洁剂时，作业人员须佩戴口罩和防风眼镜，防止呼吸道和眼睛感染。

19.2.5 涂刷油漆时不得穿易产生静电的工作服，身体外露部位不得直接与油漆接触。沾有涂料或稀释剂的破布、纱团、手套和工作服等，应及时清理，不能随意堆放。

19.3 小修保养作业

19.3.1 隧道内不准长时间存放易燃易爆物品，如需动火作业，应按动火作业安全管理要求进行操作。

19.3.2 内装饰和侧墙等局部病害维修时，作业人员应采取安全保障措施，严格按照相关操作规程操作。

19.3.3 对隧道衬砌局部破损进行养护维修作业时，应采取措施保证养护人员安全。

19.3.4 在养护维修明洞和半山洞时，要及时清除山体边坡或洞顶危石，以防伤人。

20 交通安全设施作业安全要点

20.1 一般要求

20.1.1 交通安全设施作业必须按规定设置养护作业控制区。

20.1.2 作业人员不得随意横穿行车道，需要穿越行车道时，应设专人指挥，仔细查看来车行驶情况，确认有足够安全距离时快速通过。

20.2 日常保洁作业

20.2.1 标志标牌等交通安全设施清洗工程需要喷涂清洁剂时，作业人员须佩戴口罩和防风眼镜，防止呼吸道和眼睛感染。

20.2.2 对收费大棚相关设施进行清洗时，应确保收费大棚下地面上的收费设施的安全完好，防止冲洗水进入收费亭和摄像机内。

20.2.3 涉及高处作业时，应佩戴好安全带、安全帽等安全防护用品，严格按照高处作业安全操作规程作业。

20.3 小修保养作业

20.3.1 作业前应对所用机具进行日常安全检查，保证其安全装置齐全有效。

20.3.2 涉及吊装作业、高处作业、动火作业、电气焊作业等时，参照本指南有关安全操作要点执行。

20.3.3 交通安全设施基础开挖、混凝土浇筑参照本指南相关安全操作要点执行。

20.3.4 钢护栏安装安全作业：
（1）护栏施工时操作应谨慎，不得破坏路面下埋设的电缆、管道等设施。

(2) 立柱应避开横穿道路的电缆、管道及横向排水管等设施。

(3) 拆除和更换的材料（波形护栏板、立柱）应摆放整齐，防止伸入通行车道。机械打桩或人工打桩过程中应防止扶桩人员受伤害。

20.3.5　交通标线施工安全作业：

(1) 对于通车路段的标线施工，应注意交通安全。施工标线时，应根据情况设置施工警示标志，必要时使用栏杆或警告带隔离作业区域，阻止其他车辆及行人在作业区行走。

(2) 标线施工作业前，应在作业准备阶段对机械设备进行全面的安全检查，预防机械伤害发生。

(3) 作业人员应配备必要的劳动防护用品，必要时穿防护服并戴防毒面具、保护手套等，防止烫伤、中毒事故发生。

(4) 液化石油气容器、溶解釜、划线机具、易燃涂料都属于具有危险性的器具和材料，应指定专人负责、熟悉其使用安全事项。

(5) 路面标线凿除时应注意防尘管理。

(6) 涂料倒斗、施划时作业人员要预防高温烫伤。

(7) 应随车携带灭火器等消防器材，防止火灾。

(8) 为防止有机溶剂挥发引起中毒，作业场所应通风良好，隧道内作业必须进行通风。

20.3.6　其他交通安全设施安全作业：

(1) 收费设施涂刷油漆时不得穿易产生静电的工作服，身体外露部位不得直接与油漆接触。沾有涂料或稀释剂的破布、纱团、手套和工作服等，应及时清理，不能随意堆放。

(2) 隔离栅（刺铁丝）拆除与安装时作业人员应预防扎伤。

(3) 桥梁防抛网拆除与安装时应注意避免小型机具或材料坠落到桥下。

(4) 突起路标粘贴时，胶水切勿入口，皮肤粘上胶液时可用肥皂水或温水清洗。

21 绿化作业安全要点

21.1 一般要求

21.1.1 进行中央分隔带苗木的浇灌、修剪、补植时，应按作业控制区交通控制标准设置相关的渠化设施和标志。

21.1.2 在未进行交通作业控制区布置的区域作业时，绿化作业机具须放置在行车道范围之外或绿化作业区域内。

21.1.3 在高陡坡处严禁在同一断面的上下同时进行绿化养护作业。

21.1.4 使用绿化机具前，应了解各机具的性能、功效、使用方法、注意事项，熟练掌握正确操作方法，安全操作。

21.1.5 农药应选用高效、低毒、无污染药剂，喷洒作业完成后，剩余药品和空瓶、空袋应及时整理，统一交回库房，定期外运处理，严禁随意乱扔。

21.1.6 作业时应预防蛇虫等攻击性动物叮咬。

21.1.7 作业人员不得随意横穿行车道，需要穿越行车道时，宜设专人指挥，仔细查看来车行驶情况，确认有足够安全距离时快速通过。

21.2 日常保洁作业

21.2.1 苗木修剪
（1）修剪作业时，按规范布设作业控制区，并设专人维护交通秩序。
（2）枝叶修剪应注意把握好修剪的安全距离，防止飞溅物对他人及过往车辆造成伤害。
（3）进行高枝修剪时，应注意枝条落下的位置，避免砸伤。
（4）修剪大径的长枝条需在根部裁去时，或长主干截短时，不能一次截断，应分段进行。对周围有危险的枝条，应预先用绳索吊好，锯断后慢慢放下。特大树枝修剪，应由专人负责统一指挥。

（5）中央分隔带苗木修剪完成后，枝条和枯草应及时清理干净，避免影响行车安全。

（6）修剪树木应由专人负责统一指挥。修剪树木时要注意周围的动态，并采用绳索控制树木的倒向，防止修剪过程中发生意外事故。在陡坡悬岩处修剪树木时，应有防止树木修剪后顺坡溜滑或撞落石块伤人的安全措施。在山坡上严禁在同一路段的上下同时修剪树木作业。

21.2.2　割草作业

（1）作业前必须检查割草机具的防护罩、油路、刀片等，确认机具状况良好方可领用，作业人员必须穿戴安全帽、口罩、护目镜、手套及防滑鞋。

（2）如果遇到凹凸不平或石头较多的工作区域，应根据实际情况将修剪高度提高。

（3）作业过程中如机具出现异常，应马上停止作业，排除故障后方可重新开始操作。

（4）边坡割草时，作业人员须站稳后方可进行工作。严禁作业人员随意走动，当视线范围受阻时，要注意自己的工作区域周围有无他人。

（5）当边坡垂直高度过大时，必须系上安全绳进行作业。

21.2.3　除虫

（1）高速公路绿化带苗木发生病虫害时，须使用特定的农药来进行病虫害防治，作业时尽量选择低毒农药，不同的病虫害选择不同的农药，稀释农药时应按照使用说明书的要求指定专人稀释农药，注意酸碱不同的药品不得混合。

（2）喷药作业应避免高温和大风天气，并应站立于上风向作业，且必须佩带口罩及防目镜，以防中毒。喷洒作业后，所有操作人员必须进行全身清洁后方可接触食物。

（3）作业过程中，若作业人员感觉身体不适，应立即停止作业并报告带班人员，检查是否吸入农药中毒，并采取相应的治疗方法。喷药范围附近有农作物的，应注意对农作物的影响，并且作业前须当面告知农作物所有人药害，防止农药误伤。

21.2.4　松土施肥

松土施肥一般与割草同时进行，应遵循割草的注意事项，并禁止皮肤直接与肥料接触。施肥完毕应回填土穴，严禁肥料直接裸露在外，以防肥料随雨水流入水源而造成污染。

21.2.5　浇水

（1）作业前应确认洒水车性能良好。

（2）移动浇水车辆尾部必须安装符合规定的标志灯牌或按移动养护作业控制区相

关要求布置。作业时须按要求开启相关警示灯，行驶应缓慢，并匀速前行，注意过往车辆的动态，并鸣笛示意。

（3）浇水时间应根据车流量及天气情况而定，避免车流量高峰期及低能见度天气上路作业。

（4）中央分隔带苗木浇水，当路面坡度较大时，应选择在上坡方向作业。

21.2.6 支架

支架在搬运过程中要注意与他人的安全距离，若作业范围为边坡时，作业人员应注意防滑，防止踩空或滑倒。

21.2.7 刷白

由专人配制石灰水，配料人员应戴好口罩、防风眼镜等防护设施，严禁石灰直接与皮肤接触。随身携带的灰桶以 20~30L 为宜，以免步行过程中滑倒而造成人身伤害。

21.3 小修保养作业

苗木补植时，应根据工程数量、工作区域，按规范布设作业控制区。植树挖坑时，应避开地下管道、电缆等障碍物；机械设备装卸苗木时，应由专人指挥，并严格遵守机械设备操作规程，详见附录 F。

22 机电工程维护

作业人员不得随意横穿行车道,需要穿越行车道时,应设专人指挥,仔细查看来车行驶情况,确认有足够安全距离时快速通过。

22.1 日常保洁作业安全要求

(1)除尘作业时必须戴安全帽,穿长袖工作服;使用电动工具除尘时,必须戴绝缘手套。
(2)除尘吹灰时,必须戴护目镜,防止尘、沙入眼。
(3)对于带电设备的日常保洁,应避免使用带水质物料擦拭设备的带电部位。
(4)对高空设备进行保洁作业时,应严格按照高处作业安全要求执行。

22.2 跨线设备维护作业安全要求

22.2.1 跨线设备维护作业应按规定设置养护作业控制区。

22.2.2 高处作业应按"高处作业人员"安全管理要求落实相关安全防护措施。

22.2.3 作业前,应认真检查安全设施是否安全可靠。

22.2.4 脚手架、支架的安装应符合相关规范及要求;脚手架上应张贴反光标志,且不得摆放电缆。

22.2.5 高处作业危险部位应悬挂安全警示标牌。夜间作业时,应保证足够的照明并在危险部位设红灯示警。

22.2.6 高处作业在同一垂直面上下交叉作业时,必须设置有效的安全隔离和安全网,下方作业人员必须佩戴好安全帽。

22.2.7 高处作业应一律使用工具袋。较大的工具应用绳拴在牢固的构件上,不准随便乱放,以防止从高处坠落发生事故。

22.2.8 对无人员上下通道的高处机电设备进行维护维修作业时，应使用高空作业车，作业人员必须戴好安全帽、系好安全带。

22.3 隧道作业安全要求

22.3.1 在隧道内进行机电工程维护作业必须按规定设置养护作业控制区。

22.3.2 施工线缆和临时用电电缆不得悬空。

22.3.3 在隧道内维修机电设施时，机械器具周围应设置醒目的安全防护设施，作业人员须系好安全带、戴好安全帽，并在来车方向隧道口设置施工标志，提醒过往车辆注意。

22.4 带电设备设施维修作业安全要求

22.4.1 一般情况下不得带电作业，必须带电作业时，应做好可靠的安全保护措施，同时有2人进行作业，1人操作，1人监护。

22.4.2 监护人应由具有带电作业安全知识、技能和经验的人担任，监护人不得直接操作，监护的范围不得超过一个作业点。新人员和没有带电作业经验的人员不得单独承担带电作业和监护工作。

22.4.3 监护人应始终在作业现场，并对作业人员进行认真监护，随时纠正不正确的动作，发现作业人员有可能触及带电体时，应及时提醒，以防造成触电事故。万一发生意外事故，监护人应立即拔掉电源插座，或拉断刀闸开关。

22.4.4 对机电设备进行更换板卡、设备更新、线路连接时，要确保被操作设备处于断电状态，保证作业安全。

22.4.5 停电作业：
（1）停电作业时，必须先用电笔或万用表检查设备是否有电，验明无电后，方可进行工作，凡是安装设备或修理设备完毕时，在送电前进行严格检查，方可送电。
（2）在设备进行维修前，必须将电源切断并加锁或悬挂"停电作业"牌。
（3）停电检修设备时，在可能来电的各方向必须有明显的断开点，并在开关操作手柄上悬挂"严禁合闸，有人作业"的标示牌。
（4）任何电气设备拆除后不得有裸露带电的导体，清扫电动机线圈时，不得用洗油及尖锐金属以免损坏绝缘，设备检修时不得私自改变线路，安装必须按图纸作业。

（5）临时工作中断电源后，必须重新检查电源，确定已断开，并验明无电，方可进行操作。

（6）每次维护工作结束后，必须清点所带工具、零件，清除工作场地所有杂物，以防遗失或留在设备内造成事故。

22.4.6 配电房维护作业安全要求：

（1）维护人员必须持国家有关部门颁发的特殊工种操作许可证，熟悉供配电系统设备的性能、操作及维护管理。

（2）维护前必须先完成停电、验电、悬挂标示牌和设置遮栏等安全措施。维护时应有监护人在场监护。在任何电气设备上的作业，除特殊许可外，禁止带电作业。电气设备的金属外壳，防火门等必须有可靠的接地或接零，不得拆除其接地线。

（3）在配电室的电气设备上的作业必须严格按照操作规程进行操作。

（4）供配电房的专用安全防护用品，不得另作他用，并定期检查其安全性能。供配电房必须配有专用干式灭火器材，并保持长期性有效。

（5）机房内应具备必要的消防及其他安全防护用具，并有专人负责定期检查、管理，维护人员应熟悉消防知识和安全操作方法。

（6）高压拉杆作业时，必须按规定使用绝缘棒，穿戴安全帽、高压绝缘手套、绝缘靴。

22.5 路段光电缆维护作业安全要求

（1）中央分隔带光电缆维护作业必须按规定设置养护作业控制区。

（2）维护作业的人员必须经过安全知识教育和安全操作技能的专业培训与考核，持证上岗。为保障作业人员安全和预防事故，作业前应逐级进行安全技术交底并签字。

（3）必须为作业人员提供符合国家或行业标准的劳动防护用品、用具；作业人员在作业中必须按规定正确穿戴和使用。

（4）沿高速公路作业前，必须将作业的具体地点、时间和施工方案报高速公路管理部门，经批准后方可作业。作业前必须在距离作业点前、后按规定要求设置安全警示标志及防护措施。工具、料具应安全地堆放在路基护栏外侧或隔离带内。

（5）作业人员必须穿着带有反光条的工作服、安全帽。

（6）在高压线下方或附近进行作业时，作业人员的身体与高压线及电力设施最小间距应保持：1～35kV 的线路为 6m 以上；35kV 以上的线路为 8m 以上。

（7）维护作业前，必须对作业现场和周围环境进行检查。当电力线缆出现漏电时，作业人员必须立即停止作业，禁止进入危险地带；指定专人采取措施排除故障。故障未排除前，禁止作业。

22.6 斜坡作业安全要求

22.6.1 作业前要仔细观察作业环境有无安全隐患。

22.6.2 需用梯子登高作业时，底部要固定，并有专人看护，作业人员必须使用安全带。

22.6.3 对门架式情报板维护维修时，必须按照高处作业的要求进行。

22.7 坑道作业安全要求

22.7.1 在对路肩人井进行作业时，要两人同时搬动井盖，搬动时注意脚下，防止滑落。

22.7.2 在对收费亭内人井作业时，搬动防静电地板应采用地板吸盘，严禁其他工具撬开地板，对防静电地板造成损坏。

22.7.3 由于长时间处于密闭状态，打开井盖时切勿立即下井作业。

22.7.4 下井作业时，需使用照明工具，严禁使用明火照明。对线缆的维修，要严格按照安全用电的规范操作。

22.8 收费站作业安全要求

22.8.1 在收费站进行设备维护、检测过程中，必须严格遵守国家的有关安全作业规定。

22.8.2 对收费广场区域设备做维护时，车辆宜停放在站场办公区域内。车辆在紧急停车带停放时，应打开危险报警闪光灯（双闪灯），并在车后设置警示标志。要按相关规定在作业区域做好防护措施后方能开始作业。

22.8.3 对收费车道做维护时，要关闭该车道的收费作业（车道通行灯关闭），并使用手动栏杆封闭该车道，避免车辆驶入。穿越车道时，须确认该车道安全后，再穿越。

22.8.4 在匝道上作业时，必须按规定设置养护作业控制区，并派人在现场维持交通秩序。

22.8.5 进行高处作业时，须按"高处作业人员"安全管理要求落实安全防护措施。

22.8.6 进行带电设备维护作业时，按照本指南第 22.4 节"带电设备设施维修作业安全要求"落实安全防护措施。

22.9 隧道消防水池作业安全要求

22.9.1 隧道消防水池宜配备自动液位监控设施；通往高位水池道路应保持畅通。

22.9.2 作业人员应接受相关培训及安全交底，按照操作规程要求作业。上山进行高位水池作业时，应穿防滑鞋、长裤等保护，以防蚊、虫、蛇叮咬。

22.9.3 池内作业全过程必须有专人负责监护，并配备必要的救护药品、用品，与池内作业人员保持密切联系。

22.9.4 进池作业前应检测池内有毒有害气体情况，并保持良好的通风状态。池内空气不良时禁止池内作业，并及时撤离。

22.9.5 进池内作业时必须戴安全带，每次不超过 30min。

23 特殊路段及特殊气象条件下养护作业管理要点

23.1 特殊路段作业

23.1.1 特殊路段养护作业应避开高峰时段。

23.1.2 作业人员在作业前夜必须保证睡眠，保持精力充沛，生产作业期间必须保持高度警惕，随时做好安全避险的准备。

23.1.3 安全生产管理人员应加强对车流动态监控，经常提醒来车减速，提示前方施工，随时做好安全避险的指挥准备。

23.1.4 沿溪线的路侧陡崖、深沟路段和高填土、高挡墙路段（陡崖、深沟深度和边坡高度或挡墙高度大于4m），路侧距离土路肩边缘3m内有江河、湖泊、沟渠、沼泽路段等路侧险要路段养护安全作业时，除应按相应的养护作业控制区布置外，还应加强路侧安全防护。

23.1.5 长下坡路段养护安全作业时，除应按相应的养护作业控制区布置外，必须加长安全布控，作业控制区应增加有关设施，必要时应设专人指挥交通。

23.1.6 弯道养护作业安全：
（1）弯道路段养护安全作业，除应按相应的养护作业控制区布置外，还应在弯道以前的直道上提前布控，控制区的施工标志应与急弯标志、反向标志或连续弯标志等并列设置。作业控制区应增加有关设施，必要时应设专人指挥交通。
（2）弯道路段路肩清扫、清捡采用人工移动养护作业时，应布设移动式标志或三角警示牌。
（3）同一弯道不得同时设置两个或两个以上养护维修作业控制区。

23.1.7 隧道群路段是指有两座或两座以上间隔一定距离的隧道路段。
隧道群路段养护安全作业，应按相应的养护作业控制区布置，当警告区标志位于前方隧道内时，应在前方隧道入口处增设警告标志。

23.2 夜间作业

23.2.1 进行夜间作业时，应做好夜间作业现场的安全管理工作，并按夜间作业标准设置作业控制区，作业控制区必须设置施工警告灯。

23.2.2 应提前做好夜间养护作业各项准备工作，经安全生产管理人员检查合格后方可进入施工。

23.2.3 作业现场夜间不能撤离的，应注意做好以下工作：
（1）现场应采取必要的安全措施，确保自身安全。
（2）做好作业现场夜间安全维护，及时更换损坏的交通设施，确保正常交通通行秩序。
（3）发现安全隐患，及时排除，遇有重大情况及时上报。
（4）保障通信渠道，确保联络畅通。

23.2.4 为提高夜间作业的可见度和安全性，在作业现场可设置能覆盖整个作业区域的移动式高杆照明灯或照明灯组，其照度应满足作业要求，照明设施应布设在工作区侧面，照明方向应背对非封闭车道。

23.2.5 对于作业现场或未完成的现场，夜间均应设置交通安全指挥假人模型，定时进行巡查并维护，确保各类警示标志、隔离设施摆放正确、反光有效，各类施工机械设备和照明设施完好。

23.2.6 夜间养护作业时，每间隔一定距离在养护作业控制区相应交通锥顶部插入施工频闪灯；在缓冲区前端宜摆放 1 台带车载式防撞垫的施工作业车或带有警示装置的标志车。

23.3 冰雪天气作业

23.3.1 低温季节进行路面日常维护作业时，作业人员应采取防冻保温措施，并适当调整作息时段。

23.3.2 除雪应以机械为主，进场前，应预先做好施工机械的预热和调试，确保各部件启动和工作正常。

23.3.3 除冰雪作业人员和除冰雪机械作业时应做好防滑措施。

23.3.4 对冬季出现的路面结冰应在急弯、陡坡、桥面等特殊路段撒铺防滑料。

23.3.5 高速公路除冰雪和防冻作业应不分昼夜快速进行，作业现场必须实行统一指挥，并做好安全作业措施和交通控制措施。

23.3.6 冰雪天气作业完成后，必须在所有人员及设施撤离后方可恢复交通。

23.4 雾天作业

23.4.1 雾天除应急抢险、抢修作业外，严禁进行公路养护作业。

23.4.2 应急抢险、抢修作业时，应会同有关部门封闭交通，安全设施上应间隔布设黄色警示灯，相邻警示灯间距不应超过相邻交通锥间距的3倍。

23.5 暴雨天气作业

23.5.1 暴雨天气除应急抢险、抢修作业外，严禁进行公路养护作业。

23.5.2 暴雨前应对养护路段进行安全隐患排查，及时维修加固。

23.5.3 暴雨后应再次对养护路段进行安全隐患排查，对不能撤除的设备设施及时加固。

23.5.4 应急抢险作业宜在风力达到安全要求下进行。

23.5.5 雨季作业时应做好防水、防滑、防坍塌、防淹没等安全措施，及时进行修理加固，必要时应停止作业，人员及时安全撤离。

23.5.6 应在每年汛期到来之前，落实专人对公路及沿线设施进行防汛抗汛的全面检查，建立健全检查档案，对检查发现的病害及时处治。

23.5.7 处于洪水和海潮可能淹没地带的机械设备、材料等应提前做好防范措施，作业人员要提前做好安全撤离的准备工作。

23.5.8 养护工程作业现场、施工驻地及场站应采取排涝防洪措施，并及时清除雨后积水。
（1）养护项目部应加强灾后公路、桥涵等工程的排水设施安全检查，及时疏通清淤，对水毁部位进行及时修复。

（2）水毁抢修作业应严格按照规范布设作业控制区，参与灾后修复工作的人员、物资和机械设备要做好各类安全防护措施。

（3）水毁抢修工程应在危险地段设置警示标志，保证行车安全，如发生损坏应及时予以恢复。

23.6 雷雨天气作业

23.6.1 养护作业人员在雷雨天气进行现场作业时应注意防雷，并远离塔式起重机、拌和楼、物料提升机等大型机械设备，高大桥面，以及钢脚手架、金属结构物等高架设施。

23.6.2 雷雨天气不得对高大结构物进行养护作业。

23.6.3 对高大结构物进行高处养护作业时，应预先编制专项避雷安全应急预案。

23.7 台风天气作业

23.7.1 台风来临前，应做好抢险物资的准备，同时加强巡查检查，发现危险点立即加固抢修。

23.7.2 台风来临时，除应急抢险、抢修作业外，严禁进行公路养护作业。应急抢险、抢修作业时，应防范沿线架设各类设施的高处坠落。

23.7.3 台风结束后，应对损坏的路产设施进行抢修，对台风影响造成松动的设施及时进行加固，发现影响通行安全的路障立即予以清除。

23.8 高温天气作业

23.8.1 高温天气是指地市级以上气象主管部门所属气象台站向公众发布的日最高气温35℃以上的天气。在高温天气期间，应根据实际情况，采取合理安排工作时间、轮换作业、减轻劳动强度、减少高温时段室外作业等措施。当最高气温达到40℃以上时，应当停止当日室外露天作业。

23.8.2 高温作业注意事项：
（1）高温区域从事维修等高强度作业时，维护人员不得少于2名。
（2）尽可能缩短在高温区域的持续劳动时间。
（3）各维护组在高温天气作业过程中，根据实际情况携带好防暑降温药品及饮用水。

（4）作业过程中出现头痛、头晕、口渴、多汗、四肢无力发酸、注意力不集中、动作不协调等轻度中暑症状时禁止作业，需立即到阴凉、通风处休息并服用防暑降温药品，出现重症中暑的情况，要立即汇报部门负责人，并拨打 120 求助医务人员紧急救治。

24 高速公路突发事件处置

24.1 突发事件处置要求

（1）公路突发事件的处置应做到快速反应，准备充分，组织有力，处置得当，最大限度降低灾害损失。

（2）对各类公路突发事件应建立应急预案。

（3）应急预案的主要内容应包括：组织领导体系；应急抢险队伍；人、材、物及资金的保障；信息报告制度；临时交通组织方案；抢险工程措施等。

（4）应对公路重要设施建立灾害预警体系，以切实掌握公路设施在运行过程中的使用状态，尽可能减少突发事件的发生，达到公路设施治早、治小、治了的目标。

（5）当公路及其沿线设施发生因自然或人为因素造成严重损坏影响交通或造成人身伤害的重特大突发事件时，应积极采取应急措施，避免灾害扩大，做好灾后工程修复工作。

24.2 清障救援辅助作业

高速公路运营单位应明确清障救援工作的主体责任，并充分考虑清障救援工作的费用投入，养护项目部在清障救援工作过程中应做好善后处理工作。

1）交通事故清障救援辅助作业

（1）一般小型事故清障救援要求快速有效地清理事故现场，所有作业人员接到信息后应立即作出反应并带齐相关物品，确保最短时间内结束清障工作，开放交通。

（2）到达现场后，带班人员应与现场交警、路政等事故处理人员了解现场情况。

（3）根据现场情况设置好交通安全标志封闭作业区，如果是夜间救援应设置电子导向牌和现场照明装置。

（4）协助交警、路政等进行救援清理工作。清障工人应听从带班人员的统一指挥，避免因现场混乱或地处危险路段而发生二次交通事故。

（5）由于救援工作须占用一条或一条以上的车道，所以要求救援过程中不得作出横穿高速公路或在封闭区间外作业等危险行为。

（6）大型事故清障救援，除需要注意小型事故清障救援的注意事项外，由于大型事故救援一般清理时间比较长久，清障人员还应注意：

①交接班时班组之间应做好现场的交接工作，上一作业班组要详细告知现场需要注意的所有事项。

②救援过程中应及时对现场安全设施进行检查，做好自我保护工作。

（7）当交通事故涉及危险化学品时，应注意：

①对于危险化学品的救援清障，应服从交警、消防部门的指挥。

②作业人员应在安全区域等候，不得盲目靠近事故现场，待有关部门进行无毒、无害化处理后方可进入现场。

③作业人员须配备安全防护装备，站立于上风位清理。

④作业人员感觉身体不适时，应立即停止作业，并采取相应处理措施。

⑤接触危险化学品后，作业人员必须进行全身清洁后方能接触食物，以防中毒。

（8）当交通事故涉及燃油泄漏时，应注意：

①对于燃油泄漏事故的救援清障，应服从交警、消防部门的指挥。

②作业人员应在安全区域等候，不得盲目靠近事故现场。

③作业人员应在危险源消除或可控情况下进行作业。

④作业人员须配备安全防护装备，站立于燃油流动方向上游位置进行作业。

2）地质灾害清障救援辅助作业

（1）地质灾害发生后，首先应了解灾害发生的实际情况。

（2）根据现场实际情况对作业人员进行安全技术交底，告知作业人员注意事项、现场防护方案及逃生方法，并检查作业人员穿戴软底防滑鞋、工作服、安全帽、手套、一般照明设备等安全防护设施。

（3）进入现场前，须按规范做好交通维护工作，并确保作业现场符合安全作业要求。

（4）进入现场后，由专职安全生产管理人员做好现场的监察，防止地质灾害进一步扩大而引发人员伤亡。

（5）地质灾害范围较大、清理用时较长时，需合理安排作息时间，并做好抢险人员的后勤保障服务工作。

附录 A 养护项目部岗位安全生产职责分解

A.1 项目经理安全生产职责

项目经理是养护作业项目安全生产工作的第一责任人，对养护作业项目的安全生产工作负责，其主要职责包括但不限于以下内容：

（1）贯彻落实有关安全生产的法律法规和规章制度，全面负责养护工程项目安全管理工作。
（2）建立、健全本单位安全生产责任制。
（3）组织制定本单位安全生产规章制度和操作规程。
（4）组织制定并实施本单位安全生产教育和培训计划。
（5）保证本单位安全生产投入的有效实施。
（6）督促、检查本单位的安全生产工作，及时消除生产安全事故隐患。
（7）组织制定并实施本单位的生产安全事故应急救援预案。
（8）及时、如实报告生产安全事故。
（9）法律法规和政策规定的其他事项。

A.2 项目总工（副经理）安全生产职责

项目总工或副经理是养护工程项目安全生产工作的直接责任人，其主要职责包括但不限于以下内容：

（1）贯彻落实有关安全生产的法律法规和规章制度，及时纠正安全生产中的违章行为。
（2）指导制定安全生产管理制度、操作规程及生产安全事故应急预案（含现场处置方案）并监督实施。
（3）定期组织安全生产检查，听取安全生产管理人员工作汇报，及时研究解决安全生产存在问题，并向主要负责人报告安全生产工作情况。
（4）组织落实事故防范、重大危险源监控、隐患排查整改和职业危害防治措施。
（5）每半年至少组织和参与一次事故应急救援演练。
（6）指导制订安全生产管理策划方案、年度安全生产工作计划、安全生产专项工作方案。

(7) 负责安全技术工作，及时解决作业中的安全技术问题。
(8) 法律法规和政策规定的其他事项。

A.3 专职安全生产管理员安全生产职责

(1) 贯彻执行安全生产法律法规，落实安全技术标准规范。
(2) 组织或者参与拟订本单位安全生产规章制度、操作规程和生产安全事故应急救援预案。
(3) 组织或者参与本单位安全生产教育和培训，如实记录安全生产教育和培训情况。
(4) 督促落实本单位重大危险源的安全管理措施。
(5) 组织或者参与本单位应急救援演练。
(6) 检查本单位的安全生产状况，及时排查生产安全事故隐患，提出改进安全生产管理的建议。
(7) 制止和纠正违章指挥、强令冒险作业、违反操作规程的行为。
(8) 负责本单位车辆驾驶员的日常管理及考核工作，并督促驾驶员按规范对车辆进行维修保养。
(9) 督促落实本单位安全生产整改措施。
(10) 法律法规和政策规定的其他事项。

A.4 施工技术员安全生产职责

(1) 贯彻执行有关安全生产和安全技术管理规定，协助项目技术负责人制定各工种安全技术操作规程。
(2) 接受安全生产教育和培训，参加应急演练。
(3) 具体实施、执行施工组织设计、专项安全施工组织设计，对施工中不安全的环节主动提出建议。
(4) 熟悉、掌握安全生产操作规程，督促施工班组遵章守纪，不违章指挥。
(5) 参加安全检查，对检查出的安全事故隐患提出整改意见和防范措施，组织做好事故隐患的限期整改工作。
(6) 组织班组员工学习安全操作规程和规章制度，对违章现象或冒险作业的班组和个人及时阻止、纠正。
(7) 按规定配备好职工劳动防护用品，具体负责建立符合卫生安全的临时生活设施，建立治安、防火措施。
(8) 法律法规和政策规定的其他事项。

A.5 机材管理人员安全生产职责

（1）积极参加安全生产培训，接受安全生产教育，自觉学习材料安全管理知识，具备与岗位相适应的工作能力。

（2）做好材料的入库、登记、领用、发放等管理工作。依据有关法律法规的要求，做好作业现场危险物品的管理；做好现场安全设备、防护器材、急救器具和劳动防护用品的管理。

（3）定时进行材料、小型机械设备清点，掌握材料动态数据，合理预测材料使用，确保抢险物资能满足现场需要。

（4）按国家相关规定严格监督机械设备的安全技术性能，严禁报废设备、国家明令淘汰设备和有缺陷的设备进入作业现场。

（5）负责对机械设备操作、维修人员进行安全生产和安全技术操作规程教育。

（6）负责对机械设备车辆的定期维护保养和维修监督，发现安全隐患及时排除，确保其安全使用。

（7）负责驾驶员安全生产台账整理及安全报表汇总上报工作。

（8）法律法规和政策规定的其他事项。

A.6 档案员安全生产职责

（1）保管好存档的安全管理资料等，并做好各类安全资料文件的接收及发送工作，对前来借阅文档资料的部门和个人须进行登记，以确保文档资料的完整性。

（2）熟悉存档的资料内容，根据安全管理人员的需要，快捷而准确地提供相应的资料、文件等。

（3）积极参加安全生产培训，接受安全生产教育，自觉学习档案管理知识，具备与岗位相适应的工作能力。做好上报资料的存档工作。

（4）及时向相关人员收集安全档案资料，提醒相关人员按时提交有关资料。

（5）法律法规和政策规定的其他事项。

A.7 财会人员安全生产职责

（1）建立养护项目部安全生产费用使用台账。

（2）根据工程项目的实际情况及安全技术措施经费的需要，按计划及时提取企业安全技术措施经费、劳动保护经费及其他安全生产所需经费，确保专款专用。

（3）接受安全生产教育和培训，参加应急演练。

（4）法律法规和政策规定的其他事项。

A.8 班组长安全生产职责

（1）遵守各项安全生产规章制度，熟悉本工种安全技术操作规程，合理安排班组人员工作，对班组人员在生产中的安全负责。

（2）积极参加安全生产培训，接受安全生产教育。

（3）负责组织本班组人员学习各工种的安全技术操作规程，监督班组人员正确使用个人防护用品。

（4）落实安全技术交底和班前会议。

（5）不违章指挥，不冒险蛮干，纠正违章作业现象；有权拒绝违章指挥。

（6）经常检查班组作业区域的安全生产状况，发现安全隐患及时处理和上报；发现班组成员思想或身体状况反常应采取相应对策。

（7）上下班前要对所使用的机具、设备、防护用具及作业环境进行安全检查。

（8）法律法规和政策规定的其他事项。

A.9 驾驶员安全生产职责

（1）负责做好车辆"三检"（出车前、出车中、出车后车辆检查），完整填写"三检"检查表，并确保"四良"（制动、转向、灯光、信号良好）及"两洁"（车容整洁、车内整洁），确保车辆安全运行。

（2）负责出车前的车辆维护和保养工作，特别是转向系、制动系、胎压、固定螺栓等安全部位。

（3）做好车辆上有关资料、物品的保管，提醒和监督前排乘客上车必须系安全带。

（4）积极参加安全教育，提高安全意识、应急能力和驾驶技能。

（5）认真学习业务技术知识，特别是懂得消防基本常识，会使用常用的消防设备。

（6）牢固树立安全行车思想，严格遵守交通管理法规，对车辆必须做到勤检查、勤保养，发现车辆安全隐患及时上报并处理。

（7）法律法规和政策规定的其他事项。

A.10 作业人员安全生产职责

（1）自觉遵守各项安全生产规章制度，认真执行安全交底，严格执行本工种操作规程，不得违章违纪作业，有权拒绝违章指挥。

（2）上下班前对所使用的机具、设备、防护用品及作业环境进行安全检查，发现安全隐患立即整改，确保安全作业。

（3）参加班前安全生产会议。

（4）遵守劳动纪律，服从现场管理人员和安全检查人员的指挥。

（5）进入作业现场必须正确佩戴安全帽，高处作业时须系安全带，不得穿硬底鞋、带钉易滑鞋或拖鞋等，不得赤脚。

（6）特种作业人员必须持证上岗。

（7）不得任意拆除和挪动各种防护装置、设施和警示牌、安全标志等。

（8）法律法规和政策规定的其他事项。

附录 B 主要安全生产法律法规、标准规范

附录 B.1 安全生产法律

序号	名　　称	颁 发 机 构	实 施 日 期
1	中华人民共和国安全生产法	全国人大常委会	2002 年 11 月 1 日（2014 年修正）
2	中华人民共和国消防法	全国人大常委会	1998 年 4 月 29 日（2019 年修正）
3	中华人民共和国道路交通安全法	全国人大常委会	2004 年 5 月 1 日（2011 年修正）
4	中华人民共和国职业病防治法	全国人大常委会	2002 年 5 月 1 日（2018 年修正）
5	中华人民共和国劳动法	全国人大常委会	1995 年 1 月 1 日（2018 年修正）
6	中华人民共和国劳动合同法	全国人大常委会	2008 年 1 月 1 日（2012 年修正）
7	中华人民共和国突发事件应对法	全国人大常委会	2007 年 11 月 1 日
8	中华人民共和国公路法	全国人大常委会	1997 年 7 月 3 日（2017 年修正）

附录 B.2 安全生产行政法规

序号	名　　称	颁 发 机 构	实 施 日 期
1	建设工程安全生产管理条例	国务院	2004 年 2 月 1 日
2	特种设备安全监察条例	国务院	2009 年 5 月 1 日
3	危险化学品安全管理条例	国务院	2013 年 12 月 7 日
4	生产安全事故报告和调查处理条例	国务院	2007 年 6 月 1 日
5	工伤保险条例	国务院	2011 年 1 月 1 日
6	公路安全保护条例	国务院	2011 年 7 月 1 日
7	生产安全事故应急条例	国务院	2019 年 4 月 1 日
8	广东省安全生产条例	广东省人大常委会	2017 年 11 月 30 日

附录 B.3　安全生产部门规章

序号	名　　称	颁　发　机　构	实　施　日　期
1	生产安全事故应急预案管理办法	中华人民共和国应急管理部	2019 年 9 月 1 日
2	生产安全事故信息报告和处置办法	国家安全生产监督管理总局	2009 年 7 月 1 日
3	职业病危害项目申报办法	国家安全生产监督管理总局	2012 年 6 月 1 日
4	工作场所职业卫生监督管理规定	国家安全生产监督管理总局	2012 年 6 月 1 日
5	安全生产培训管理办法	国家安全生产监督管理总局	2012 年 3 月 1 日
6	安全生产事故隐患排查治理暂行规定	国家安全生产监督管理总局	2008 年 2 月 1 日
7	特种作业人员安全技术培训考核管理规定	国家安全生产监督管理总局	2010 年 7 月 1 日
8	企业安全生产费用提取和使用管理办法	国家安全生产监督管理总局	2012 年 2 月 14 日
9	公路水路行业安全生产风险管理暂行办法	交通运输部	2018 年 1 月 1 日
10	公路水路行业安全生产隐患治理暂行办法	交通运输部	2018 年 1 月 1 日
11	公路长大桥隧养护管理和安全运行若干规定	交通运输部	2018 年 4 月 3 日

附录 B.4　安全生产规范性文件

序号	名　　称	标 准 编 号	颁　发　机　构	实　施　日　期
1	企业安全生产标准化基本规范	GB/T 33000—2016	国家安全生产监督管理总局	2010 年 6 月 1 日
2	生产经营单位生产安全事故应急预案编制导则	GB/T 29639—2013	国家安全生产监督管理总局	2013 年 10 月 1 日
3	道路交通标志和标线 第 4 部分：作业区	GB 5768.4—2017	国家质量监督检验检疫总局、中国国家标准化管理委员会	2018 年 2 月 1 日
4	建筑灭火器配置设计规范	GB 50140—2005	国家技术监督总局、建设部	2005 年 10 月 1 日
5	职业健康安全管理体系规范	GB/T 28001—2011/OHSAS18001:2007	国家质量监督检验检疫总局、国家标注化委员会	2012 年 2 月 1 日
6	企业职工伤亡事故分类标准	GB 6441—86	国家标准局	1986 年 5 月 31 日
7	建设工程施工现场供用电安全规范	GB 50194—2014	住房和城乡建设部、国家质量监督检验检疫总局	2015 年 1 月 1 日
8	消防安全标志　第 1 部分：标志	GB 13495.1—2015	国家质量监督检验检疫总局	2015 年 8 月 1 日
9	安全评价通则	AQ 8001—2007	国家安全生产监督管理总局	2007 年 4 月 1 日
10	企业安全文化建设导则	AQ/T 9004—2008	国家安全生产监督管理总局	2009 年 1 月 1 日

续附录 B.4

序号	名称	标准编号	颁发机构	实施日期
11	建筑设计防火规范	GB 50016—2014	建设部	2015年5月1日
12	公路工程技术标准	JTG B01—2014	交通运输部	2015年1月1日
13	公路项目安全性评价规范	JTG B05—2015	交通运输部	2016年4月1日
14	高速公路交通工程及沿线设施设计通用规范	JTG D80—2006	交通部	2006年10月1日
15	公路养护技术规范	JTG H10—2009	交通运输部	2010年1月1日
16	公路水泥混凝土路面养护技术规范	JTJ 073.1—2001	交通部	2001年10月1日
17	公路沥青路面养护技术规范	JTJ 073.2—2001	交通部	2002年1月1日
18	公路桥涵养护规范	JTG H11—2004	交通部	2004年10月1日
19	公路隧道养护技术规范	JTG H12—2015	交通运输部	2015年3月1日
20	公路技术状况评定标准	JTG 5210—2018	交通运输部	2019年5月1日
21	公路养护安全作业规程	JTG H30—2015	交通运输部	2015年6月1日
22	公路工程施工安全技术规范	JTG F90—2015	交通运输部	2015年5月1日
23	公路养护工程预算编制导则	JTG H40—2002	交通部	2002年9月16日
24	灭火器维修	GA 95—2015	公安部	2016年2月1日
25	施工现场临时用电安全技术规范	JGJ 46—2005	建设部	2005年7月1日
26	消防安全标志设置要求	GB 15630—1995	公安部	1996年2月1日
27	交通运输企业安全生产标准化建设基本规范 第21部分：公路养护企业	JT/T 1180.21—2018	交通运输部	2018年5月1日
28	交通运输企业安全生产标准化建设基本规范 第1部分：总体要求	JT/T 1180.1—2018	交通运输部	2018年5月1日
29	建筑施工高处作业安全技术规范	JGJ 80—2016	住房和城乡建设部	2016年12月1日
30	广东省应急管理厅关于安全风险分级管控办法（试行）	/	广东省应急管理厅	2019年4月1日
31	广东省高速公路工程施工安全标准化指南（管理行为）	/	广东省交通运输厅	2016年12月29日
32	广东省高速公路工程施工安全标准化指南（安全技术）	/	广东省交通运输厅	2017年1月23日
33	广东省交通集团有限公司高速公路养护管理办法实施细则（设计及造价管理）	/	广东交通集团有限公司	2017年12月1日
34	广东省交通集团有限公司安全生产监督管理办法	/	广东省交通集团有限公司	2018年6月1日
35	广东省交通集团有限公司高速公路养护管理办法	/	广东省交通集团有限公司	2016年1月6日

附录 C 管理表格

附录 C.1 班前安全风险告知表

单位：   编号：

作业类型		被告知班组	
作业地点		告知时间	

告知内容：
（列明常规性的风险点）

其他注意事项：

交底人签名：	被交底人签名：（可附页）

附录 C.2 安全技术交底记录表

单位：　　　　　　　　　　　　　　　　　　　　　　　　　　　　　编号：

作业类型		被交底班组	
交底地点		交底时间	
交底内容：			
交底人签名：	被交底人签名：（可附页）		

附录 C.3-1 安全检查记录表

检查单位/部门：　　　　　　　　　　　　　　　　　　　　　　　　编号：

单位名称：		主管单位：		
检查内容：				
已当场整改的事项：				
存在问题及建议事项：				
检查日期：　年　月　日			受检单位负责人现场确认：＿＿＿＿	
整改事项及要求	整改期限	整改结果	完成时间	受检单位负责人确认签名
检查组	签名：			
受检单位	签名：			
整改复查	主管单位安全管理部门复查意见（盖章）： 复查人：　　　　　　确认人：　　　　　　复查时间：			
	检查单位安全管理部门复查意见（盖章）： 复查人：　　　　　　确认人：　　　　　　复查时间：			

附录C.3-2 养护作业现场专项安全检查表

项目名称			
检查部位		检查时间	
检查人员（签名）			
检查项目	检查内容	检查要求	检查结果
作业控制区各区长度	警告区	设计速度为120km/h、交通量Q≤1400，警告区最小长度为1600m；设计速度为120km/h、1400＜交通量Q≤1800，警告区最小长度为2000m	
	上游过渡区	封闭车道宽度3.75m，最终限速为60km/h，不少于120m	
	纵向缓冲区	最终限速为60km/h，下坡坡度≤3%，不少于80m；下坡坡度＞3%，不少于100m	
	横向缓冲区	宽度不宜大于0.5m	
	工作区	根据作业需要而定	
	下游过渡区	不少于30m	
	终止区	不少于30m	
作业控制区安全设施	标志标牌	各类标志保持结构完好，表层整洁，无明显污垢和破损，保持良好的反光效果	
		作业控制区最前端应分别在路侧及中央分隔带内各设1块施工标志	
		警告区中间断面施工标志、限速标志应设在路侧	
		线形诱导标志应设置于上游过渡区内	
		特大桥的养护作业，应设置限载标志	
		隧道内养护作业时，隧道入口前必须设置施工标志、限速标志和限宽标志	
		窄路标志应设在路面变窄一侧	
	照明设施	夜间进行养护作业应设置照明设施，照明必须满足作业要求，覆盖整个工作区域	
	摆放顺序	进行养护作业时应顺着交通流方向设置安全设施	
	施工距离标志	路侧、中央分隔带各设置1块施工距离标志牌	
	逐级限速标志	逐级限速标志牌各2块，设置于中央分隔带和路侧	
	车道数减少标志	车道数减少标志牌2块，设置于中央分隔带和路侧	
	禁止超车标志	禁止超车标志牌1块，设置于路侧	
	警示频闪灯	警示频闪灯1个，设置于中央分隔带	
		警示频闪灯1个，设置于路侧	

续表附录 C.3-2

项目名称			
检查部位		检查时间	
检查人员（签名）			
检查项目	检查内容	检查要求	检查结果
作业控制区安全设施	交通锥	布置间距不宜大于10m，其中上游过渡区、工作区布设间距不宜大于4m	
	闪光箭头标志	设置于上游过渡区内	
	交通安全指挥假人	设置于上游过渡区内	
	路栏	设置于缓冲区内	
	施工长度牌	设置于缓冲区内	
	解除限速标志	设置于终止区后端	
	解除禁止超车标志	设置于终止区后端	
其他规定	工程车辆出入口	工作区应设置工程车辆专门的进口和出口，宜设在顺行车方向的下游过渡区内	
	同一行车方向相邻作业控制区	同一行车方向不同断面同时进行养护作业时，相邻两个工作区净距不宜小于5km	
	多车道作业	六车道及以上封闭中间车道时，应与相邻车道同时封闭，并应布置两个上游过渡区，其最小间距不应小于200m	
	隧道内作业	单洞双向行车的隧道在进行养护作业时应只封闭一条车道，隧道口应设置交通信号灯并配备交通指挥人员，并至少应从隧道口开始封闭养护维修作业车道	
		隧道双洞单向交通养护作业的控制区布置应将警告区和上游过渡区设于洞口外	
	匝道养护作业	警告区长度不宜小于300m，当匝道小于警告区最小长度时，作业控制区前端交通标志应布设在匝道入口处	
其他			
检查评价描述及整改意见			

上述整改措施应于_____年_____月_____日前整改完成并回复。
受检单位（签字）：

_____年_____月_____日

复检验证情况：

验收人：_____年_____月_____日

附录 C.3-3 养护作业完成后专项安全检查表

项目名称				
检查部位			检查时间	
检查人员（签名）				
检查项目	检查内容	检查要求		检查结果
作业完成后	交通安全设施	所有标志标牌、隔离设施、作业物料等必须全部撤离，恢复路面正常通车状况		
其他				
检查评价描述及整改意见				
上述整改措施应于_____年_____月_____日前整改完成并回复。 受检单位（签字）： 　　　　　　　　　　　　　　　　　　　　　　_____年_____月_____日				
复检验证情况： 　　　　　　　　　　　验收人：　　　　　　　　_____年_____月_____日				

附录 D 常见工种作业规程

D.1 养护作业人员

（1）必须遵守高速公路管理规定。

（2）作业人员必须乘坐交通车进入作业区，并在作业控制区内进行养护作业，不得擅离作业控制区，严禁随意横穿行车道。人员上下作业车辆或装卸物资必须在工作区内进行。

（3）作业人员随车上下班时，应按规定乘坐，从车辆远离行车道一侧上下车，放置好随身工具，严禁在车上打闹、嬉戏，不得在车辆未停稳前上下车，严禁跳车。作业人员上下班通勤禁止人货混载。

（4）上路作业人员必须统一穿着带反光标志的工作服，戴安全帽，穿工作鞋。根据不同的工作性质和场所，穿戴专用的防护用具。

（5）工作中宜面向来车方向，精神集中，不得追逐打闹，及时避让过往行驶车辆，确保自身安全。

（6）在悬崖峭壁下工作时，应时刻注意观察，严防坍方落石伤人。

（7）禁止在悬崖陡壁下逗留和休息，禁止在过水涵洞内、大树下、高边坡下休息避雨，防止洪水、自然落石或雷电伤人。

（8）应及时清除干净公路上散落的碎石，以防车轮碾压飞弹伤人。

（9）对路面进行修补时，必须有专人负责安全管理，并应设置安全标志，以保证车辆、行人和作业的安全。

D.2 一般机具操作人员

（1）操作前必须仔细了解各机具的性能、功效、使用方法、注意事项，熟练掌握正确操作方法，方准上岗操作。

（2）操作前应对机械设备进行安全检查，并空车运转，确认正常后，方可投入使用。

（3）作业过程中如机具出现异常，应马上停止作业，排除故障后方可重新开始操作。

D.3 高处作业人员

（1）高处作业人员必须身体健康，有饮酒、精神不振时，禁止登高作业。
（2）进行高处作业时，应佩戴好安全带、安全帽等，严格按照高处作业安全操作规程作业。
（3）高处作业人员不得攀爬脚手架或栏杆，严禁投掷工具、材料等。
（4）高处作业人员与地面的联系应有专人负责，并配有无线通信设备。
（5）移动脚手架时，作业人员不得停留在脚手架上。
（6）高处作业人员应注意身体重心，注意用力方法，防止身体重心超出支承面而发生事故。
（7）禁止两人同时在梯上作业，如需接长使用，应绑扎牢固，人字梯底脚要拉牢。
（8）不得在高处作业点下方行走或逗留，防止落物伤人。

D.4 特种作业人员

1）电焊工
（1）应检查确保电焊机外壳接地良好，电焊机设单独开关。各种电气设备或线路，不应超过安全负荷，并要使用牢靠、绝缘良好和安装合格的保险设备，严禁用铜丝、铁丝等代替保险丝。
（2）经常检查电气设备和线路，发现可能引起火花、短路、发热和绝缘损坏等情况时，必须立即修理。
（3）在潮湿地点施焊时，应站在绝缘板或木板上。多台焊机在一起集中施焊时，焊接平台或焊件必须接地，并设置隔光板。
（4）施焊时，应清除周围的易燃物品或进行可靠覆盖、隔离。电焊结束后，应切断焊机电源并检查操作地点，确认无起火危险后，方可离开。

2）气焊工
（1）严格遵守安全操作规程和有关橡胶软管、氧气瓶、乙炔瓶的安全使用规则和焊（割）炬安全操作规程。
（2）工作前或停工时间较长时，必须检查所有设备。乙炔瓶、氧气瓶、防回火装置、橡胶软管等，阀门紧固件应紧固牢靠，不准有松动、破损和漏气现象，氧气瓶及其附件、橡胶软管、工具不能沾染油脂类污垢。
（3）检查设备、附件及管路漏气，应用肥皂水试验。试验时，周围不准有明火，不准抽烟，严禁用火试验漏气。
（4）应检查确保氧气瓶、乙炔瓶与明火间的距离不得小于10m。如条件限制，距离不得低于5m，并应采取隔离措施。
（5）应检查确保氧气瓶与乙炔瓶之间的距离不得小于5m。

（6）禁止使用易产生火花的工具开启氧气或乙炔阀门。

（7）应检查确保焊接场地应备有相应的消防器材，露天作业应防止阳光直接射在氧气瓶和乙炔瓶上。

（8）工作完毕或离开工作现场，应拧上气瓶的安全帽、收拾现场，将氧气瓶和乙炔瓶置于指定地点。

3）电工

（1）必须掌握必要的电气知识，并经考试合格，持证上岗，在准许的工作范围作业。

（2）严格执行作业现场临时用电安全技术规范等现行规范、标准、规程中的规定。

（3）应检查确保各种电气设备或线路不超过安全负荷，并应使用牢靠、绝缘良好和安装合格的保险设备，严禁用铜丝、铁丝等代替保险丝。

（4）定期检查电气设备的绝缘电阻是否符合规定，发现隐患应及时排除。

（5）当电线穿过墙壁或与其他物体接触时，应当在电线上套有非燃材料加以隔绝。

（6）应经常检查电气设备和线路，发现可能引起火花、短路、发热和绝缘损坏等情况时，必须立即修理。

（7）放置及使用易燃气体的场所，应采用防爆型电气设备及照明灯具。不得用纸、布或其他可燃材料做无骨架的灯罩，灯泡距可燃物应保持一定距离。

4）汽车起重机驾驶员

（1）驾驶员必须经过专门培训，掌握所使用的起重机的构造、操作及保养方法、安全操作规程等，并经考试合格后持证上岗。

（2）起吊前应做空载试运转，在起吊作业中，驾驶员必须与指挥人员密切配合，并按照指挥信号进行操作。

（3）操作中驾驶员必须注意力集中，不得与他人闲谈或做其他动作。

（4）驾驶员应注意起重物件的绑扎是否牢固可靠，严禁斜拉、斜吊、起吊不明重量的物体；严禁吊起重物高速回转。

（5）在检查起重机在满负荷工作时，先吊离地面0.5m，再检查起重机的稳定性、制动器的安全可靠性和绑扎的牢固性等，在确认可靠后，方可继续起吊。

（6）如果起重机在操作中发生故障，应立即停机，并设法放下重物，进行检修调整。

（7）驾驶员应经常检查起重机传动机构、安全装置、离合器、制动器等是否安全可靠，声音是否正常，如果出现异常，要及时排除。

附录 E 事故现场处置方案

E.1 交通事故现场处置方案要点

（1）当有作业人员发生交通事故后，应立即对事故现场进行警戒和隔离，并按规定报告、报警；同时启动应急预案，并对伤员进行初期救护。
（2）应急处置现场应有专人指挥，保持警惕，一旦发现有车辆冲入或其他危险情况发生，应紧急按响警报喇叭，提示其他作业人员紧急避险。
（3）其他作业人员听到警报喇叭后，应立即停止作业，采取紧急避险措施。
（4）作业人员遇紧急情况时应避免慌不择路，误入其他危险区域。

E.2 机械伤害现场处置方案要点

（1）当作业人员发生机械伤害事故时，立即断电停机。
（2）对被机械伤害的伤员，应迅速小心地使伤员脱离伤源，必要时，拆卸割开机器，移出受伤的肢体。
（3）伤害发生后，应快速判断现场安全状况，尽可能移至安全区域。
（4）观察伤者的受伤情况、部位、伤害性质，不得盲目施救。

E.3 触电事故现场处置方案要点

（1）发生触电事故后，现场知情人应立即向四周呼救，并采取紧急措施以防止事故进一步扩大，同时按规定报告、报警，启动应急预案。
（2）对于低压触电事故，可采用下列方法使触电者脱离电源：
①如果触电地点附近有电源开关或插头，可立即拉开电源开关或拔下电源插头，以切断电源。
②可用有绝缘手柄的电工钳、干燥木柄的斧头、干燥木把的铁锹等切断电源线。也可采用干燥木板等绝缘物插入触电者身下，以隔离电源。
③当电线搭在触电者身上或被压在身下时，也可用干燥的衣服、手套、绳索、木板、木棒等绝缘物为工具，拉开、提高或挑开电线，使触电者脱离电源。切不可直接去拉触电者。

（3）对于高压触电事故，可采用下列方法使触电者脱离电源：
①立即通知有关部门停电。
②用高压绝缘杆挑开触电者身上的电线。
③触电者如果在高空作业时触电，断开电源时，要防止触电者摔下来造成二次伤害。
（4）如果触电者伤势不重，神志清醒，但有些心慌、四肢麻木、全身无力，或者触电者曾一度昏迷，但已清醒过来，应使触电者安静休息，不要走动，严密观察并送医院。
（5）如果触电者伤势较重，已失去知觉，但心脏跳动和呼吸还存在，应将触电者移至空气畅通处，解开衣服，让触电者平直仰卧，并用软衣服垫在身下，使其头部比肩稍低，并迅速送往医院。
（6）如果触电者伤势较重，呼吸停止或心脏跳动停止或二者都已停止，应立即进行口对口人工呼吸法及胸外心脏挤压法进行抢救，并送往医院。在送往医院的途中，不应停止抢救。
（7）险情发生至现场恢复期间，疏散组应封锁现场，防止无关人员进入现场发生意外。

E.4　高处坠落事故现场处置方案要点

（1）伤害发生后，应快速判断现场安全状况，尽可能撤离转移至安全区域。
（2）采取呼叫、电话等方式尽快通知现场管理人员。
（3）观察伤者的受伤情况、部位、伤害性质，不得盲目施救。

E.5　坍塌事故现场处置方案要点

（1）坍塌前可能存在的预兆：
①模板、支架等：混凝土浇筑过程中发生异常变形、异常声响等是模板、支架可能发生坍塌的前兆。
②基坑土石方等：已开挖土层存在开裂、掉块及异常渗水等，有异响等；或突发裂纹、异常渗水并伴有异响、掉块的都是可能发生基坑坍塌的前兆。
（2）如发现异常变形或听到异常响声，必须立即停止作业，撤离危险区。
（3）无法安全撤离时，应快速判断现场安全状况，尽可能寻找承重点蹲下或顺势倾倒。
（4）仔细观察，多留意，快逃离是关键。
（5）尽可能远离坍塌区域，如需对现场人员进行施救的，应首先确保施救人员安全。

E.6 起重伤害现场处置方案要点

（1）伤害发生后，其他人员应快速判断现场安全状况，尽可能移至安全区域。
（2）被重物压住或被围困的人员应保持冷静并积极展开自救。
（3）抢险救援队员在经过充分评估确认安全后方可进入现场组织抢险救援。如事故的影响还在继续或加重，抢险救援人员不得进入事故现场。

E.7 物体打击现场处置方案要点

（1）伤害发生后，应快速判断现场安全状况，尽可能移至安全区域。
（2）采取呼叫等方式尽快通知现场人员。
（3）采取简单自救措施并等待救援。

附录 F 常用车辆、机械安全操作规程

F.1 作业人员通勤车

(1) 车辆仅限于搭乘养护作业人员,非工作需要,严禁搭乘外来人员。若在作业过程中遇到受伤、患病或遇险群众的求助时,可无偿提供帮助。

(2) 车辆严禁超速行驶及超载上路。

(3) 车辆严禁人货混载。

(4) 作业人员上下班严禁在车上打闹,头、手不可伸出车外。

(5) 车辆在使用过程中,严禁私自更换他人进行驾驶。

(6) 作业人员下车前确认车辆停稳后方可按次序下车,严禁跳车。

(7) 通勤车辆必须停放在养护作业控制区内或路肩边坡外安全的位置。

F.2 路面清扫车

(1) 工作人员应熟悉路面清扫车上各按钮的功能及用途。

(2) 使用前应检查油、水、制动、轮胎气压、刷辊有无缠绕绳索。

(3) 应经常检查各紧固件是否松动,电瓶是否缺水,加蒸馏水时高度离极板 10~15mm,电瓶是否有高温现象。充电时必须打开后盖。

(4) 路面清扫车清扫过程中应开启警示标志,禁止扫带状、线状及燃烧的物品。

(5) 清扫潮湿或有水的地方时要关闭吸尘系统。

(6) 在坡度较陡时,不可拐直角弯;转弯时要慢速行驶。

(7) 不可触摸运转中倾倒机构的轴及联动装置。

(8) 定期清洗路面清扫车上的过滤器和排放制动气压罐的水,确保安全阀和制动总泵的正常工作。

F.3 多功能洒水车

(1) 吸水点应选择在坚实、平坦的地方,便于洒水车安全停靠。吸水高度不得超过洒水车吸程允许的范围。

(2) 吸水作业时,先踏下离合器,挂上取力箱齿轮挡,慢踩加速踏板,使发动机

达到规定的转速,然后进行抽水作业。

(3) 喷洒作业应按要求控制水量和车速,并开启警示标志。车辆要保持匀速行驶,不得违反喷洒要求而忽快忽慢。

(4) 中央分隔带洒水作业时,如遇到较大纵坡路段,洒水车应选择沿上坡方向行驶洒水。洒水车行驶在上下坡和弯道时,不得高速行驶,并避免紧急制动。

(5) 洒水车作业完毕后,若短期内不用,应放掉水罐中的存水,以卸载和防锈。

(6) 洒水车长期停放,应用方木或其他刚性物体进行撑顶固定。

F.4 热再生综合养护车

(1) 在使用前操作人员须仔细阅读使用说明书,并留意标注有"注意""警告"的语句。

(2) 车辆行驶之前须确保以下事项:
①加热墙须收缩到位。
②加热墙安全插销全部安装到位。
③液压支腿完全收起。

(3) 车辆行驶速度不允许超过设备技术数据表中最大速度,转弯时须减速慢行,否则有倾翻的危险。

(4) 放下加热墙时须确认后面无人时再进行操作,避免造成人身伤害。

(5) 加热墙放下后应确保四周的屏蔽网完全罩住被加热处,避免微波泄漏,影响人身安全;加热墙工作时,工作人员严禁靠近加热墙周边 0.5m 范围内,以防止微波泄漏损害。

(6) 作业时应保证被加热对象内不含有金属物,确保被加热处无易燃物,以防出现明火,损伤加热板。

(7) 加热结束后勿用肢体接触加热区域,禁止进入加热区域避免摔倒烫伤。

(8) 车载式压路机提升或落下过程中,工作人员应远离,避免压伤。

(9) 设备停止工作 30min 后方可进入发动机舱,避免机械挤伤、碰伤或高温烫伤;注意严防工作人员受到微波能发生器的辐射。

F.5 绿篱修剪车

(1) 工作前应检查液压泵、皮带、联结螺丝、分配阀、油管是否磨损、松动漏油,确保液压油的工作油面。

(2) 绿篱车起动前必须确保剪刀的固定螺母已固紧。

(3) 车厢修剪台及剪刀的工作检查、调整都必须在剪刀停转的状态下进行。

(4) 工作时,必须开启导向指示灯,剪刀转动时升降平台和作业范围内,严禁站立人员和堆放物件。

（5）作业后须清理留在刀具和车厢内的树叶杂枝。

F.6 汽车式起重机

（1）起重机停放的地面应平整坚实，与沟渠、基坑应保持安全距离。

（2）封闭部分车道进行起重作业时，严禁汽车起重机支腿、转盘回转范围及吊物入侵行车道。

（3）作业前应伸出全部支腿。撑脚板下必须垫方木。调整机体水平度，无荷载时水准泡居中。支腿的定位销必须插上。底盘为弹性悬挂的起重机，放支腿前应先收紧稳定器。

（4）调整支腿作业必须在无荷载时进行，将已伸出的臂杆缩回并转至正前方或正后方。作业中严禁扳动支腿操纵阀。

（5）作业中变幅应平稳，严禁猛起、猛落臂杆。

（6）伸缩臂式起重机在伸缩臂杆时，应按规定顺序进行。在伸臂的同时，应相应下放吊钩。当限位器发出警报时应立即停止伸臂。臂杆缩回时，仰角不宜过小。

（7）作业时，臂杆仰角必须符合说明书的规定。伸缩式臂杆伸出后，出现前节臂杆的长度大于后节伸出长度时，必须经过调整，消除不正常情况后方可作业。

（8）作业中出现支腿沉陷、起重机倾斜等情况时，必须立即放下吊物，经调整、消除不安全因素后方可继续作业。

（9）在进行装卸作业时，运输车驾驶室内不得有人，吊物严禁从运输车驾驶室上方通过。吊卸物件的重量，必须严格遵守吊臂上的起重负荷指示仪规定。

（10）两台起重机抬吊作业时，两机性能应相近，单机载荷不得大于额定起重量的80%。

（11）轮胎式起重机需短距离带载行走时，途经的道路必须平整坚实。载荷必须符合使用说明书规定，吊物离地高度不得超过50cm，并缓慢行驶，严禁带载长距离行驶。

F.7 高空作业车

（1）操作人员、作业人员必须熟练掌握高空作业车的相应安全操作要求。
（2）支腿应按要求固定，保持车辆水平。
（3）由专人负责作业半径内的警戒工作。
（4）作业人员进入平台后，应及时插好插销，系好安全带。
（5）工作平台的操作应由持证人员按规操作。
（6）待操作人员将工作平台全部恢复，作业人员安全离开后，方可恢复支腿。
（7）定期检查应急安全升降装置，确保其有效的工作状态。

F.8 除雪撒布机（车）

（1）驾驶员应养成经常看仪表的习惯，在异常情况时，应停止驾驶并查清原因，及时处理后方可正常使用。

（2）侧门检查或检修副发动机、液压表、电路、多路换向阀时，应注意安全，避免侧门刮伤、撞伤头部。

（3）在检查车辆或休息停车时，须停在安全位置。长时间停车，主车发动机、副发动机应当熄火。

（4）使用升降装置上升、下降前必须踩主车离合器按动取力器按钮，挂上取力器，再松开主车离合器；按上升、下降按钮时，必须点按，不可持续按。

（5）作业时要避免突然加速，避免主车在除雪工作过程中猛烈制动和急转弯。

（6）进行扫雪作业时，如出现意外情况，应马上关闭主车钥匙门，即刻停止所有工作装置的转动。

（7）机械空运转时，人员应距离各机械1m以外。

（8）紧急停车时，要先按离合按钮使副发动机离合器分离，然后关掉副发动机。

（9）除雪作业中转弯时，车速不宜过快，要慢速转弯，同时降低副发动机转速。

（10）除雪作业时，注意力应集中，以防突发事件。

F.9 挖掘机

（1）发动机起动后，铲斗内、臂杆、履带和机棚上、作业半径内严禁站人。

（2）工作前履带应制动，轮胎式挖掘机应顶好支腿，车身方向应与挖掘工作面延伸方向一致，操作时进铲不应过深，提斗不得过猛。

（3）在高陡的工作面上挖掘夹有石块的土方时，应将较大的石块和杂物除掉。如果土体挖成悬空状态而不能自然塌落时，应进行人工处理，严禁用铲斗将悬空土方砸下。

（4）严禁铲斗从运土车的驾驶室顶上越过。向运土车辆卸土时，应降低铲斗高度，防止偏载或砸坏车厢。

F.10 装载机

（1）应对装载机行驶道路、作业场地情况进行检查。

（2）起步前应将铲斗提升到离地面0.5m左右。作业时应使用低速挡，用高速挡行驶时，不得进行升降和翻转铲斗。

（3）不得用装载机代替起重设备，进行吊装作业，严禁铲斗载人。

（4）装载机运送距离不宜过长，铲斗满载运送时，铲斗应保持在低位。

（5）装料时，铲斗应从正面低速插入，防止铲斗单边受力。铲斗卸料时，前翻和回位不得碰撞车厢。

F.11 轨模式混凝土摊铺机（三辊轴）

（1）先检查传动、电器操作系统以及各项安全和防尘设施是否完好正常。
（2）作业人员必须服从统一指挥，并保持足够的安全距离，以防碰撞。
（3）不得使振动梁在悬空状态下长时间振动，应特别注意其轴承是否过热，严禁在凝固的混凝土上振动。
（4）作业中严禁驾驶员擅自离开驾驶台，无关人员不得在驾驶台上停留或上下摊铺机。
（5）坡道及弯道上作业，应注意防止摊铺机脱轨。

F.12 混凝土搅拌机

（1）搅拌机安装就位、基础必须坚实，支架或支脚筒架稳固，不得以轮胎代替支撑。
（2）开搅拌机前应检查离合器、控制器、钢丝绳等性能是否良好，滚筒内不得有异物。
（3）机械检修时，应固定好料斗，切断电源，进入滚筒检修时外面应有人监护。
（4）进料斗升起时，严禁任何人在料斗下通过或停留，工作完毕应将料斗固定好。
（5）机械运转时，严禁将工具伸进滚筒内。
（6）工作完毕后应清洗机械、清理机械周围，做好润滑保养，切断电源，锁好箱门。

F.13 发电机

（1）发电机启动前必须认真检查各部分接线是否正确，各连接部位是否牢靠，接地线是否良好。
（2）发电机启动前，应先将输出电源开关关闭，发电机运转平稳后，打开输出电源开关。
（3）发电机开始运转后，应随时注意有无机械杂音，异常振动情况，确认情况正常后，电压调到额定值然后合上输出开关，向外供电。供电负荷应逐步增大，力求三项平衡。
（4）运行中的发电机应合理调整负荷，并密切注意发动机声音，观察各种仪表指示是否在正常范围之内，检查运转部分是否正常，发电机体的温度是否正常，并做好记录。

（5）发电机应在停机后添加油料，停车时，先减负荷，使电压降到最小值，然后按顺序切断开关，最后停止柴油机运转。

（6）发电机在运转时，即使没有加磁力亦应默认带有电压。禁止在运转的发电机引出上工作及用手触摸或进行清扫，运转中的发电机不得使用帆布等物遮盖。

（7）发电机经检修后，必须仔细检查转子及定子槽间有无杂物或工具，以免运转时损坏发电机。

（8）发电机房内禁止堆放杂物和易燃易爆物品，除相关人员外其他人员严禁进入。

（9）发电机作业场所应设有消防器材，发生火灾时应立即停止送电，关闭发电机，并用二氧化碳或四氯化碳灭火器扑救。

F.14 手扶式振动压路机

（1）作业时，手扶振动压路机应先起步后才能起振，内燃机应先调制中速后再调制高速。

（2）变速时应降低内燃机转速。

（3）严禁使压路机在坚实的地面上振动。

（4）手扶振动压路机在高速行驶时不得接合振动。

（5）停机时应先停振，待内燃机怠速运转数分钟后熄火。

F.15 插入式振捣器

（1）插入式振捣器的电动机电源上，应安装漏电保护装置，接地或接零应安全可靠。

（2）操作人员应经过用电教育，作业时应穿戴好绝缘胶鞋和绝缘手套。

（3）电缆线应满足操作所需的长度。电缆线上不得堆压物品或让车辆挤压，严禁用电缆线拖拉或吊振捣器。

（4）使用前，应检查各部并确认连接牢固、旋转方向正确。

（5）振捣器不得在初凝的混凝土、地板、脚手架和干硬的地面上进行试振。在检修或作业间断时，应断开电源。

（6）作业时振捣棒软管的弯曲半径不得小于500mm，并不得多于两个弯，操作时应将振捣棒垂直地沉入混凝土，不得用力硬插，斜推或让钢筋夹住棒头，也不得全部插入混凝土中，插入深度不应超过棒长的3/4，不宜触及钢筋、芯管及预埋件。

（7）作业停止需移动振捣器时，应先关闭电动机，再切断电源，不得用软管拖拉电动机。

（8）作业完毕，应将电动机、软管、振捣棒清理干净，并应按规定要求进行保养作业。振捣器存放时，不得堆压软管，应平直放好，并应对电动机采取防潮措施。

F.16 平板式振动器

（1）平板式振动器轴承不应承受轴向力，在使用时，电动机轴应保持水平状态。
（2）使用时，引出电缆线不得拉得过紧，更不得断裂，作业时，应随时观察电器设备的漏电保护和接地或接零装置并确认合格。
（3）平板式振动器作业时，应使平板与混凝土保持接触，使振动波有效地振实混凝土，待表面出浆，不再下沉后，即可缓慢向前移动，移动速度应能保证混凝土振实出浆，在振的振动器不得搁置在已凝或初凝的混凝土上。

F.17 空气压缩机

（1）开机前要认真检查，确认无误后方可启动，动转时应进行巡回检查，发现问题，及时处理。
（2）各级排气温度应设温度表，不得超过规定。
（3）冷却水不得中断，出水温度不超过40℃，并应有断水保护或断水信号。
（4）气缸要使用专用的压缩机油，其闪点不得低于215℃。
（5）安全阀和压力器必须动作可靠，压力表指示准确。安全阀动作压力不得超过额定值的10%。
（6）风阀应加强维护，定期清洁积炭，清除漏气。
（7）风包内的油垢应定期清除，风包出口应加装释压阀。
（8）气缸水套及冷却器应定期清理，去除水垢，应改善冷却水质，避免结垢。

F.18 风镐

（1）工作前应仔细全面检查风镐与气管连接密合情况。
（2）风镐应该指派专人操作，轮流替换，操作人员必须具有高度责任感。
（3）风镐与风镐之间工作距离在3m以外，在风镐工作期间，该范围内其他工作应停止，以防石屑飞溅。
（4）不准任意将气管弯绕或压任何物件，使用风镐时严禁硬撬。

F.19 切缝机

（1）开机前应检查电机、电器、开关、电缆线及接线是否正常，是否符合安全要求，有无安装漏电保护器。同时检查刀盘的转向，新刀盘的转向应与箭头所示方向一致，旧刀盘的旋转方向可由金刚石的磨削痕迹确定，严禁刀盘正向、反向轮流作用。
（2）每次启动切缝机前，都应检查刀盘转向和紧度，并放下防护罩。操作人员作业时应穿绝缘鞋并戴绝缘手套。

（3）切缝机在切缝时，刀片夹板的螺母应紧固，各连接部位和安全防护罩应完好正常。切缝前应打开冷却水，冷却水中断时应停止切缝。

（4）切缝时刀片应缓缓切入，并注意割切深度指示器，当遇有较大切割阻力时，应立即升起刀片检查。

（5）切缝过程中，进刀、退刀应缓慢，切割推进应均匀，不得用刀盘单边切割，以防止刀盘变形和损坏。同时应注意水箱水位，当水位降至水箱高度 1/2 以下时，应及时补充水，严禁无冷却水切割。冷却水应对准道口和切缝，喷射要均匀。

F.20　灌缝机

（1）作业人员应按规定穿戴防护用具。
（2）操作设备前检查液化气罐及管路连接，确保无泄漏。
（3）注意设备高温部分，避免灼伤。
（4）加注灌缝料时，注意避免沥青飞溅伤人。
（5）加注导热油时，避免混入水和空气。
（6）操作机器时，应随时观察燃烧炉情况和仪表显示情况。
（7）遇特殊情况致使火焰熄灭时，应及时关闭燃气手动阀。
（8）避免石块杂物放入储油罐内。

F.21　公路护栏打桩机

（1）工作时，应有专人指挥，指挥人员与操作人员应密切配合。
（2）公路护栏打桩机与桩帽，桩帽与管柱（或桩）平面应垫平，联结螺栓应拧紧，并应经常检查是否有松动。
（3）封闭部分车道进行起重作业时，严禁打桩机支腿及转盘回转范围入侵行车道。
（4）公路护栏打桩机的启动应由低速挡逐挡加快到高速挡。
（5）经常检查轴承温度及轴承盖螺钉是否有松动现象，应严格检查偏心铁块连接螺钉有无松动，防止发生事故。

F.22　手动葫芦

（1）使用前应检查吊钩、链条等是否良好，传动及刹车装置是否良好。吊钩、链轮、倒卡等有变形时，以及链条直径磨损量达 15% 时，严禁使用。
（2）两台及以上链条葫芦起吊同一重物时，重物的重量应不大于每台链条葫芦的允许起重量。
（3）链条葫芦的起重链不得打扭，并且不得拆成单股使用。

（4）链条葫芦的刹车片严防沾染油脂。

（5）链条葫芦不得超负荷使用，起重能力在 5t 以下的允许 1 人拉链，起重能力在 5t 以上的允许两人拉链，不得随意增加人数猛拉，操作时，不得站在链条葫芦的正下方。

（6）吊起的重物如需在空中停留较长时间时，应将手拉链拴在起重链上，并在重物上加设保险绳。

（7）链条葫芦在使用中如发生卡链情况，应将重物垫好后方可进行检修。

F.23 热熔釜

（1）作业人员须经过培训方可操作，穿戴棉制品工作服、无暴露的工作鞋，佩戴防护眼镜和手套。

（2）作业前应检查燃气供给系统、导热油传导系统，确保其安全可靠。

（3）热熔釜必须安放平稳牢固，首次填料时不得超其总容量的 1/3。点火时，点火人员必须使用专用点火工具，并应先点火后供可燃气体。

（4）搅拌器必须在涂料熔解后，方可启动。

（5）作业中，热熔釜内的涂料不得少于其容积的 1/4。

（6）作业结束后，卸下可燃气罐放置于指定位置保管。

F.24 划线机

（1）作业人员须经过培训方可操作，穿戴棉制品工作服、无暴露的工作鞋，佩戴防护眼镜和手套。

（2）作业前应检查制动装置、转向装置等部位，确保其功能良好。

（3）可燃气点火操作时，点火人员必须使用专用点火工具，做到先点火，后供可燃气体。

（4）机械停用 1h 以上时，应关闭燃烧器。

（5）作业中储料罐内涂料不得少于储料罐容积的 1/4。

（6）作业中要经常检查系统是否正常，各仪表的表示值是否在正常范围之内。

（7）作业中喷涂系统出现故障时，严禁带压进行调整，以防造成人身伤害。

（8）作业结束后，立即关闭燃气罐阀门，待储料罐内温度降至常温后，清理罐内及管路中的涂料。

（9）作业结束后，卸下可燃气罐放置于指定位置保管。

F.25 割灌机、割草机

（1）操作人员须掌握操作规程，不许赤足或穿凉鞋，应穿长裤、保护鞋，戴好防护眼镜。

（2）使用前做好各项安全检查（如机油、汽油、刀片）。停机加油，加满再启动，以防机械着火，发生意外。

（3）操作前应清理作业区域内的木棍、石头、瓦砾及其他杂物；操作时应避让障碍物，紧急时立即停机。

（4）操作时勿使别人观看，其他人员应离现场10m以外。

（5）水平位置保存，放置于通风、干燥的地方，远离电器及用火机械，避免火灾。添加燃料之前和入库之前应冷却15min。

F.26 电焊机

（1）焊接操作及配合人员必须按规定穿戴劳动防护用品，并必须采取防止触电、高处坠落、瓦斯中毒和火灾等事故的安全措施。

（2）现场使用的电焊机，应设有防雨、防潮、防晒的机棚，并应装设相应的消防器材。

（3）高处焊接或切割时，必须系好安全带，焊接周围和下方应采取防火措施，并应有专人监护。

（4）当需施焊受压容器、密封容器、油桶、管道、沾有可燃气体和溶液的工件时，应先消除容器及管道内压力，消除可燃气体和溶液，然后冲洗有毒有害、易燃物质；对存有残余油脂的容器，应先用蒸汽、碱水冲洗，并打开盖口，确认容器清洗干净后，再灌满清水方可进行焊接。在容器内焊接应采取防止触电、中毒和窒息的措施。焊、割密封器内应留出气孔，必要时在进、出口处装设通风设备；容器内照明电压不得超过12V，焊工与焊件间应绝缘；容器外应设专人监护。严禁在已喷涂过的油漆和塑料的容器内焊接。

（5）对承压状态的压力容器及管道、带电设备、承载结构的受力部位和装有易燃易爆物品的容器严禁进行焊接和切割。

（6）焊接铜、铝、锌等有色金属时，应通风良好，焊接人员应戴防毒面罩、呼吸滤清器或采取其他防毒措施。

（7）当消除焊缝焊渣时，应戴防护眼镜，头部应避开敲击焊渣飞溅方向。

（8）雨天不得在露天电焊。在潮湿地带作业时，操作人员应站在铺有绝缘物品的地方，并应穿绝缘鞋。

（9）使用前，应检查并确认初、次线接线正确，输入电压符合电焊机的铭牌规定。接通电源后，严禁接触初级线路的带电部分。

（10）次级抽头连接铜板应压紧，接线柱应有垫圈。合闸前应详细检查接线螺帽、螺栓及其他部件并确认完好齐全、无松动或损坏。

（11）多台电焊机集中使用时，应分别由接地极处引接，不得串联。

（12）移动电焊机时，应切断电源，不得用拖拉电缆的方法移动焊机。当焊接中突然停电时，应立即切断电源。

F.27　油锯

（1）当感到疲乏或饮酒、服药后，应禁止使用油锯。

（2）严禁穿戴围巾、手镯等其他可能缠绕机器或链条的衣物，需穿着符合安全要求的服装。

（3）应穿戴防滑安全鞋、安全帽、安全带进行操作。

（4）在没有清理场地前不要开始工作，不要在有电缆的地方工作（在有电缆、电线的地方，需先停电，后作业）。

（5）搬运（高枝）油锯时，发动机熄火，导板向后并用盖子盖住链条。

（6）当发动机工作时，不要触摸链条和维修（高枝）油锯。启动前确认没有物体阻挡链条。未装链盖严禁启动油锯。

（7）加油时要关闭发动机并远离热源。严禁吸烟。机器运转时不能打开油箱盖，如果有燃料溢出，要移动至少3m以外才能再启动发动机。

（8）使用油锯时，用左手紧握前面的手柄，用右手紧握后面的手柄。保证身体每一部分不靠近链条和消音器。

（9）当切割小树枝或灌木时，要特别当心是否有障碍物阻挡油锯使人失去平衡。

（10）不要使用油锯切割超过肩高的物体，应选择高枝油锯进行作业。

（11）严禁（高枝）油锯转动时正前方站人。

（12）不使用损坏过、自行组装和未正当维修过的油锯。不拆分、损坏任何安全装置，仅使用指定长度的导板。